# VORWORT

Diese Sammlung enthält eine Auswahl der zur Zeit gültigen Nationalhymnen unabhängiger Staaten. Es ist jeweils der Text in der Originalsprache und in deutscher, größtenteils vom Verlag besorgter Übersetzung neben dem einstimmigen Notensatz wiedergegeben. Wer die Hymnen singen möchte, wird es begrüßen, daß die Originaltexte den Melodien unterlegt sind.

Der Verlag dankt den Regierungen der Länder und ihren diplomatischen Vertretungen in der Bundesrepublik Deutschland für die gewährte Hilfe bei der Beschaffung und Prüfung der notwendigen Unterlagen und insbesondere für die Erlaubnis des Abdrucks. Herr M. J. Bristow, Isle of Sheppey, hat in dankenswerter Weise zur Aktualisierung der Angaben mit vielen Hinweisen beigetragen.

Dank gilt ebenso Frau Prof. Dr. Erika Glassen, Freiburg i. Br., für die Übersetzung arabischer und persischer Texte ins Deutsche, in gleicher Weise Frau Prof. Dr. Annemarie Schimmel, Bonn, für die Überlassung ihrer deutschen Übertragung der pakistanischen Hymne und Herrn Andrejs Urdze, Bonn, für seine Übersetzung der lettischen Nationalhymne. Das Institut für Auslandsbeziehungen, Stuttgart, Herr Dr. Gerd Lübbe, Ahrensburg, Herr Reinhard Popp, Halle (Saale), und Herr Jürgen Sieben, Mönchengladbach-Rheydt, leisteten freundliche Unterstützung bei der Lösung von Ermittlungs- und Beschaffungsproblemen.

# Ägypten

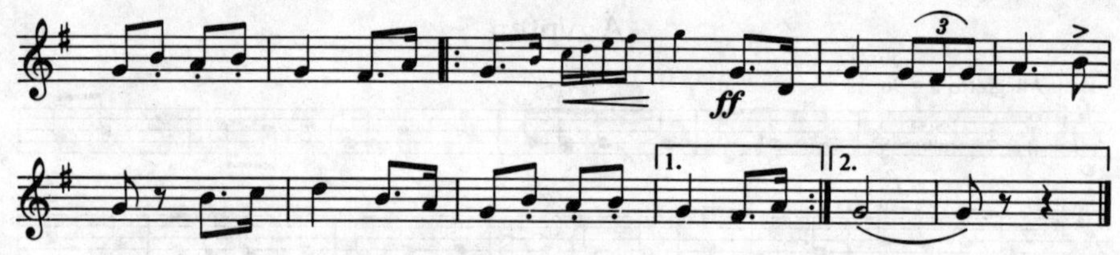


Bilādī bilādī bilādī laki ḥubbī wafu'ādī  
Miṣru yā Umma'l-bilād anti ġāytī wa'l murād  
Wa ᶜalā kullil-ᶜibād kam linīlik min ayādī.

*Mein Vaterland, dir gehören meine Liebe und mein Herz,*  
*Ägypten, Mutter der Länder, du bist alles für mich!*  
*Deine Söhne sind deinem Nil zu Dank verpflichtet.*

Bilādī bilādī bilādī laki ḥubbī wafu'ādī  
Miṣru anti aġla durrā fū' gabīnid dahr ġurrā  
Ya bilādī ᶜīši ḥurra wa'slamī raġma'l aᶜādī.

*Mein Vaterland, dir gehören meine Liebe und mein Herz,*  
*Ägypten, du bist die wertvollste Perle, der Schmuck auf der Stirn der Zeit.*  
*Lebe in Freiheit, mein Vaterland, und behütet, trotz der Ränke der Feinde.*

Bilādī bilādī bilādī laki   ḥubbī wafu'ādī         *Mein Vaterland, dir gehören meine Liebe und mein*
Miṣru awlādik kirām         awfiyā' yarᶜu'z – zimām                          *Herz,*
Nahnu harbun wa salām       wafidāki ya bilādī      *Ägypten, deine Söhne sind dir treu ergeben, sie*
                                                                *schützen deine Grenzen.*
                                                    *Wir sind zum Krieg wie zum Frieden bereit und*
                                                                *bringen dir jedes Opfer.*


Bilādī bilādī bilādī laki   ḥubbī wa fu'ādī.        *Mein Vaterland, dir gehören meine Liebe und mein*
                                                                *Herz.*


Autor von Musik und Text ist Sayed Darwish (1892–1923), ein Komponist, der als Erneuerer der ägyptischen Musik, insbesondere des Musiktheaters, einen guten Namen hat. Er war der erste, der »Ständelieder« schrieb, Lieder für einzelne Berufsgruppen wie Wasserträger, Bauhandwerker usw. Die offiziellen ägyptischen Stellen weisen darauf hin, daß die Hymne in der Regel ohne die Verse vorgetragen wird, deshalb ist hier bei der Wiedergabe der Melodie ausnahmsweise auf die Unterlegung mit dem Text verzichtet worden. Als Staatshymne eingeführt hat das Lied Anwar el-Sadat (1918–1981, Präsident der Republik 1970–1981) nach Abschluß seiner Initiativen zur Sicherung des Friedens mit Israel.

# Albanien

Alla marcia
Rreth flam - ur - it te per ba - shku - ar, me - nje de -
shir e nje qe - llim; te gjith at je duk' ju be - tu - ar te lid - him
be - sen per shpe - tim. Prej luf - te veç a - y lar -
go - het que e - shte lin - dur tra - dhe - tor, kush e - shte bu - rre
nuk fri - ko - het, po vdes, po vdes si nje desh - mor. Prej mor.
1.
2.

Rreht flamurit të përbashkuar  
Me një dëshir', me një qëllim,  
Të gjith' atje dukeu betuar  
Të lidhim besën për shpëtim!  
Prej lufte veç ay largohet  
Që është lindur tradhëtor,  
Kush është burrë nuk frikohet  
Po vdes, po vdes si një dëshmor.

Në dorë armët do t'i mbajmë  
Të mbrojm' atdhenë në çdo kënd,  
Të drejtat tona ne s'i ndajmë  
Këtu armiqtë skanë vënd!  
Prej lufte veç ay largohet . . .

*Die Fahne, die im Kampf uns einte,*  
*Bereit zum Schwur uns alle fand;*  
*Ein Sinn, ein Ziel, bis frei vom Feinde*  
*Und ohne Schmerz ist unser Land.*  
*Wir stehn im Kampf für Recht und Freiheit,*  
*Des Volkes Feinde stehn allein.*  
*Der Held sein Leben unserm Lande weiht,*  
*Noch sterbend wird er tapfer sein.*

*In unsern Händen blitzen Waffen,*  
*Sie geben unserm Lande Schutz.*  
*Sie sichern uns das Recht zum Schaffen*  
*Und bieten jedem Feinde Trutz*  
*Wir stehn im Kampf . . .*

1880 von dem Rumänen Ciprian Porumbescu (1853–1883), dem Autor der rumänischen Hymne, auf einen anderen Text komponiert. Heutiger Text von Aleksandër Stavre Drenova (1872–1947; Schriftstellername: Asdreni). Nationalhymne seit der Unabhängigkeitserklärung 1912.

# Algerien

11

| | |
|---|---|
| Qasaman bin-nāzilāti l-māḥiqat | *Ich schwöre bei den tödlich drohenden Gefahren,* |
| Wad-dimā z-zākiyāti ṭ-ṭāhirat | *Bei dem reinen sündelosen Blut und* |
| Wal-bunūdi l-lāmiᶜāti l-ḫāfiqāt | *Bei den strahlend flatternden Fahnen* |
| Fī lǧibāli š-šāmiḫāti ššāhiqat | *Auf den hohen stolzen Bergen:* |
| Naḥnu turnā fa-ḥayātun au ma māt | *Wir haben uns erhoben! Es gelte Leben oder Tod!* |
| Wa-ᶜaqadnā l-ᶜazma an taḥyā l-Gazā'ir | *Wir haben uns entschieden: Algerien soll leben!* |
| Fa'shadū fa'shadū fa'shadū | *Das sollt ihr bezeugen! Das sollt ihr bezeugen! Das sollt ihr bezeugen!* |

Die Musik dieser seit 1963 offiziellen Hymne schrieb Mohamed Fawzi (1918–1966), den Text Mufdi Zakariah (1930 bis 1978).

# Argentinien

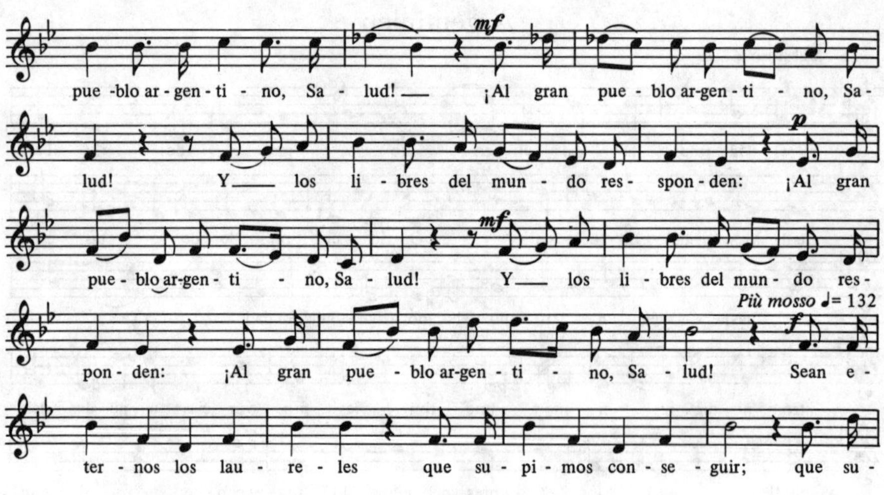

pue -blo ar - gen - ti - no, Sa - lud! ___ ¡Al gran pue - blo ar-gen - ti - no, Sa -
lud! Y ___ los li - bres del mun - do res - pon - den: ¡Al gran
pue - blo ar-gen - ti - no, Sa - lud! Y ___ los li - bres del mun - do res -
pon - den: ¡Al gran pue - blo ar-gen - ti - no, Sa - lud! Sean e -
ter - nos los lau - re - les que su - pi - mos con - se - guir; que su -
Più mosso ♩= 132
mf
p
mf
f

Oid ¡mortales! el grito sagrado:
¡Libertad, Libertad, Libertad!
Oid el ruido de rotas cadenas;
Ved en trono a la noble igualdad.

¡Ya su trono dignisimo abrieron
Las provincias unidas del Sud!
Y los libres del mundo responden:
¡Al gran pueblo argentino, Salud!

*Sterbliche, hört den Ruf, den geweihten:*
*Freiheit, Freiheit und abermals Freiheit!*
*Hört das Rasseln zerbrochener Ketten,*
*Schaut auf dem Throne die edle Gleichheit.*

*Diesem, dem höchsten der ruhmvollen Ziele*
*Öffnen sich schon die Provinzen im Süden!*
*Und die Freien der Welt geben Antwort:*
*Ehre und Heil sie Argentinien entbieten!*

15

Sean eternos los laureles
Que supimos conseguir;
Coronados de gloria vivamos
O juremos con gloria morir.

*Ewig soll währen der Lorbeer,*
*Den uns die Vorsehung bot;*
*Bekränzt vom Ruhm woll'n wir leben*
*Oder schwör'n einen ruhmvollen Tod.*

Im Auftrag der Konstituierenden Souveränen Versammlung, die die Grundlagen für die Unabhängigkeit Argentiniens vorbereitete, soll die Nationalhymne von Blas Parera (1765 – um 1830) komponiert und von Vicente López y Planes (1785–1856) verfaßt worden sein; am 11. März 1813 nahm die Versammlung sie offiziell entgegen. Doch gibt es gute Gründe zu der Annahme, daß die beiden Autoren lediglich ein längst bekanntes Lied anderer Herkunft in eine geeignete Form gebracht haben. Ein Dekret vom 30. März 1900 ordnete die Streichung der meisten Strophen des sehr langen Gedichts an, weil sie gegen Spanien gerichtet waren; geblieben sind erste und letzte Strophe sowie der Refrain.

# Australien

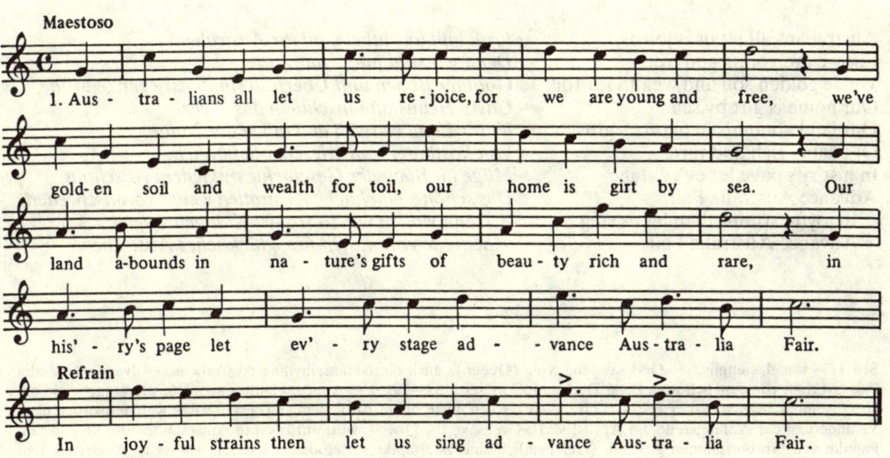

Maestoso
1. Aus - tra - lians all let us re - joice, for we are young and free, we've
gold- en soil and wealth for toil, our home is girt by sea. Our
land a-bounds in na - ture's gifts of beau - ty rich and rare, in
his' - ry's page let ev' - ry stage ad - -vance Aus - tra - lia Fair.
Refrain
In joy - ful strains then let us sing ad - vance Aus- tra - lia Fair.

Australians all let us rejoice,
For we are young and free,
We've golden soil and wealth for toil,
Our home is girt by sea.
Our land abounds in nature's gifts
Of beauty rich and rare,
In hist'ry's page let ev'ry stage
Advance Australia Fair.
   In joyful strains then let us sing
   Advance Australia Fair.

*Froh laßt uns jubeln, all ihr Australier,*
*Denn wir sind jung und frei,*
*Goldner Boden und Überfluß sind unsre ganze Mühe,*
*Unsre Heimstatt umschließt das Meer.*
*Unser Land ist reich an Gaben der Natur*
*Von kostbarer und erlesener Schönheit.*
*Möge im Buch der Geschichte mit jedem Abschnitt*
*Das schöne, glückliche Australien weiter voranschreiten.*
   *Dann wollen wir zu frohen Klängen singen:*
   *Schreite voran, schönes, glückliches Australien.*

Seit 1788 war das englische »God save the King (Queen)« auch die Nationalhymne Australiens. »Advance Australia Fair«, verfaßt von dem Schotten Peter Dodds McCormick (1834–1916) – »Amicus« lautete sein Künstlername – und am 30. November 1878 in Sidney erstmals öffentlich gespielt, löste sie im April 1974 ab (bestätigende Kabinettsorder, nach Veränderung der Anfangszeile, im April 1985). »God save the Queen« wird nur noch in Anwesenheit der königlichen Familie von Großbritannien gespielt. (Gelegentlich sind zwei andere Melodien zu hören, »Song of Australia« und »Waltzing Matilda«.)

# Belgien

No - ble Bel - gi - que à ja - mais ter - re ché - rie,_____ à toi nos
U bren - gen wij on - ze liefde en ons ver - trou - wen, o dier - baar
cœurs,_____ à toi nos bras._____ Par le sang pur ré - pan - du pour toi, Pa -
volk,_____ o dier - baar land._____ De vaad - ren trouw, zul - len wij de toe - komst
trie,_____ nous le ju - rons d'un seul cri, tu vi - vras!_____ Tu vi -
bou - wen, in vreugd' en nood is ons hart U ver - pand._____ Groei en
vras, tou - jours grande et bel - le, et ton in - vin - ci - ble u - ni -
bloei tot heil der ge - slach - ten. Wij rei - ken el - kaar de broe - der -

Die Musik der »Brabançonne« ist eine Komposition von François van Campenhout (1779–1849), der Geiger und Tenor am Théâtre de la Monnaie in Brüssel war. Der ursprüngliche Text (»Après des siècles d'esclavage«) des in Lierre gefallenen Bürgergardisten Hyppolite Dechet, genannt Jenneval (1801–1830) – der gebürtige Franzose war Schauspieler am Théâtre de la

(*Französisch*)

Noble Belgique à jamais terre chérie,
A toi nos cœurs, à toi nos bras.
Par le sang pur répandu pour toi, Patrie,
Nous le jurons d'un seul cri, tu vivras!
Tu vivras, toujours grande et belle,
Et ton invincible unité
Aura pour devise immortelle,
Le Roi, la Loi, la Liberté.


(*Flämisch*)

U brengen wij onze liefde en ons vertrouwen,
O dierbaar volk, o dierbaar land.          bouwen,
De vaadren trouw, zullen wij de toekomst
In vreugd' en nood is ons hart U verpand.
Groei en bloei tot heil der geslachten.
Wij reiken elkaar de broederhand
En wijden de vrome gedachten
Aan Vrijheid, Vorst en Vaderland.

*Edles Belgien, ewig geliebtes Land,*
*Dir gehören unsere Herzen, unsere Arme.*
*Beim reinen Blut, das für dich geflossen ist, Vaterland,*
*Schwören wir dir mit einstimmigem Ruf:*
*Du wirst leben!*
*Groß und schön wirst du immer leben,*
*und der ewige Wahlspruch*
*Deiner unverbrüchlichen Einheit wird heißen:*
*Für König, Recht und Freiheit!*


*Dir schenken wir unsere Liebe, unsere Treue,*
*O teures Volk, o teures Land.*
*Den Vätern treu, werden wir die Zukunft bauen,*
*In Freud und Not ist unser Herz Dein Unterpfand.*
*Grüne und blühe zum Heil aller Generationen.*
*Wir reichen einander die Bruderhand*
*Und richten unsere Gedanken voll Vertrauen*
*Auf Freiheit, König und Vaterland.*

Monnaie – stammt aus der Zeit der nationalen Erhebung gegen die Niederlande; 1860 faßte ihn der Ministerpräsident Charles Rogier (1800–1885) neu, indem er ihm die antiholländischen Spitzen nahm. Die hier wiedergegebene, nochmals veränderte 4. Strophe der »Brabançonne«, mit flämischem Text von R. Herreman, ist der offizielle Hymnentext seit 1980.

# Bolivien

**Allegro marziale**

cresc.
nión. Si - guen hoy en con - tras - te ar - mo - nio - - so dul - ces
him - nos de paz y de u - nión. De la Pa - tria, el al - to nom - bre en glo -
rio so es plen - dor con - ser - ve - mos y en sus a - ras de nue - vo ju -
re - mos ¡Mo - rir an - tes que es - cla - vos vi - vir! ¡Mo - rir
an - tes que es - cla - vos vi - vir! ¡Mo - rir an - tes que es - cla - vos vi - vir!

Bolivianos: el hado propicio  
Coronó nuestros votos y anhelo;  
Es ya libre ya libre este suelo,  
Ya cesó su servil condición.  
Al estruendo marcial que ayer fuera  
Y al clamor de la guerra horroroso,  
Siguen hoy en contraste armonioso  
Dulces himnos de paz y de unión.

De la Patria, el alto nombre  
En glorioso esplendor conservemos  
Y en sus aras de nuevo juremos  
¡Morir antes que esclavos vivir!

*Bolivianer: Das gnädige Schicksal*  
*Krönte unser Hoffen und Sehnen:*  
*Es ist frei, dieses Land ist frei,*  
*Zu Ende ist die schmachvolle Unterdrückung.*  
*Der Herrschaft des Militärs*  
*Und dem Schrei des schrecklichen Krieges gestern*  
*Folgen heute die sanften,*  
*Wohltönenden Hymnen der Freiheit und Einheit.*

*Dem hohen Namen des Vaterlands*  
*Bewahren wir glorreichen Glanz.*  
*Vor ihm erneuern wir unseren heiligen Schwur:*  
*Lieber den Tod als ein Leben in Sklaverei!*

---

Den Text der seit 1845 offiziellen Hymne schrieb José Ignacio de Sanjinés (um 1800–1864), ein Jurist, der an der Fassung der bolivianischen Unabhängigkeitserklärung von 1824 beteiligt war, die Musik Leopoldo Benedetto Vincenti (1815–1914). Erstmals am 18. 11. 1845 im Theater von La Paz zum vierten Jahrestag der Schlacht von Ingavi gesungen, wurde das Lied 1852 Staatshymne.

# Brasilien

Allegro maestoso
Ou - vi - ram do I - pi - ran - ga as mar - gens plá - ci - das de um
po vo he-rói - co o bra-do re - tum - ban - te, e o sol da li - ber - da-de em-ra - ios
fúl - gi -dos, bri - -lhou no céu da Pá -tria nes -se in stan - te. Se o
pe -nhor des-sa i -gual - da - de con -se - gui-mos con -quis-tar com bra - ço
for - te, em teu sei - o, ó li - ber - da - de, de-sa -

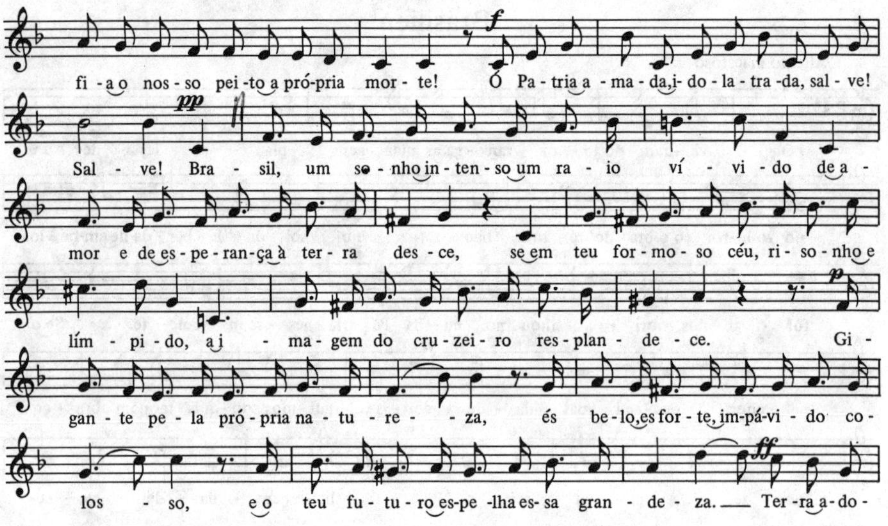

fi - a o nos - so pei -to a pró-pria mor - te! Ó Pa - tria a - ma - da,i - do - la - tra -da, sal - ve!
Sal - ve! Bra - sil, um so - nho in - ten - so um ra - io ví - vi - do de a -
mor e de es - pe - ran - ça à ter - ra des - ce, se em teu for - mo - so céu, ri - so - nho e
lím - pi - do, a i - ma - gem do cru - zei - ro res - plan - de - ce. Gi -
gan - te pe - la pró - pria na - tu - re - za, és be - lo,es for - te, im - pá - vi - do co -
los - so, e o teu fu - tu - ro es - pe -lha es - sa gran - de - za. Ter - ra a - do -

Ouviram do Ipiranga as margens plácidas
De um povo heróico o brado retumbante,
E o sol da liberdade, em raios fúlgidos,
Brilhou no céu da Pátria nesse instante.
Se o penhor dessa igualdade
Conseguimos conquistar com braço forte,
Em teu seio, ó liberdade,
Desafia o nosso peito a própria morte!
  Ó Pátria amada,
  Idolatrada,
  Salve! Salve!

*Von den stillen Ufern des Ipiranga hörten sie*
*Den Schrei eines heroischen Volkes widerhallen,*
*Und im gleichen Augenblick leuchtete mit*
*Blitzenden Strahlen die Sonne der Freiheit*
*Am Himmel des Vaterlandes.*
*Wenn wir mit starkem Arm das Pfand*
*Dieser Gleichheit zu erringen vermochten,*
*An deinem Busen, o Freiheit,*
*Nehmen wir es mit dem Tode selbst auf!*
  *O geliebtes, vergöttertes Vaterland,*
  *Sei gegrüßt! Sei gegrüßt!*

Brasil, um sonho intenso, um raio vívido
De amor e de esperança à terra desce,
Se em teu formoso céu, risonho e límpido,
A imagem do cruzeiro resplandece.
Gigante pela própria natureza,
És belo, és forte, impávido colosso,
E o teu futuro espelha essa grandeza.
   Terra adorada
   Entre outras mil,
   És tu, Brasil,
   Ó Pátria amada!
Dos filhos dêste solo és mãe gentil,
   Pátria amada,
   Brasil!

*Brasilien, ein lebhafter Traum, ein Lebensstrahl*
*Der Liebe und Hoffnung ergießt sich auf das Land,*
*Wenn an deinem schönen Himmel leuchtend und klar*
*Das Kreuz des Südens erstrahlt!*
*Ein Gigant deiner Natur nach – bist du schön,*
*Bist du stark, ein unerschrockener Koloß,*
*Und deine Zukunft spiegelt diese Größe wider!*
   *Geliebtes Land*
   *Unter tausend anderen*
   *Bist du, Brasilien,*
   *O geliebte Heimat,*
*Die liebevolle Mutter der Söhne dieses Landes.*
   *O geliebte Heimat,*
   *Brasilien!*

Die Melodie geht auf ein altes Bandeirantenlied des 16. Jahrhunderts zurück; sie wurde von dem Komponisten Francisco Manoel da Silva (1795–1865) niedergeschrieben und bei der Krönung Dom Pedros II. 1831 zu einem anderen Text gesungen. Die heute offiziellen Verse stammen von dem Dichter Joaquim Osório Duque Estrada (1870–1927). Nationalhymne seit 7. September 1922.

# Bulgarien

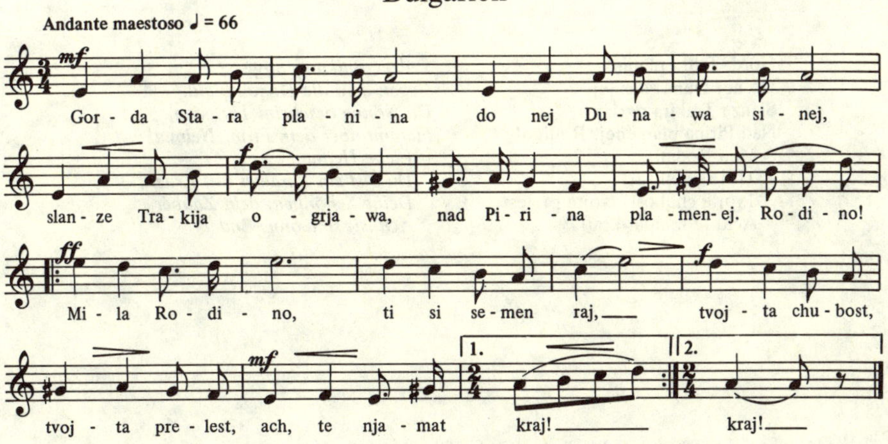

Andante maestoso ♩ = 66
mf
Gor - da Sta - ra pla - ni - na do nej Du - na - wa si - nej,
slan - ze Tra - kija o - grja - wa, nad Pi - ri - na pla - men - ej. Ro - di - no!
Mi - la Ro - di - no, ti si se - men raj, tvoj - ta chu - bost,
tvoj - ta pre - lest, ach, te nja - mat kraj!
kraj!

Gorda Stara planina
Do nej Dunawa sinej,
Slanze Trakija ogrjawa,
Nad Pirina plamenej. Rodino!
  Mila Rodino,
  Ti si semen raj,
  Tvojta chubost, tvojta prelest,
  Ach, te njamat kraj!

*Stolzes Balkangebirge,*
*Neben dem die Donau blaut,*
*Die Sonne bescheint Thrakien,*
*Flammt über dem Pirin. Heimat!*
  *Liebe Heimat,*
  *Du bist ein Paradies auf Erden,*
  *Deine Schönheit, dein Zauber,*
  *Ach, sie sind ohne Ende!*

Text und Musik wurden 1885, während des Serbisch-Bulgarischen Krieges, von dem Studenten Zvetan Zvetkov Radoslavov (1863–1931) geschrieben. Radoslavov griff auf die Melodie eines volkstümlichen patriotischen Liedes zurück. Nationalhymne seit 1964.

# Chile

Alla marcia
mf
Pu - ro Chi - le es tu cie - lo a - zu - la - do pu - ras
bri - sas te cru - zan tam - bién, y tu cam - po de flo - res bor -
da - do es la co - pia fe - liz del E - dén. Ma - ges - tuo - sa es la blan - ca mon
ta - ña que te dió por ba - luar - te el Se - ñor, que te
p
dió por ba - luar - te el Se - ñor, y e - se mar - que tran - qui - lo te

31

ba - ña te pro - me - te fu - tu - ro es - plen - dor. Y e - se
mar que tran - qui - lo te ba - ña te pro - me - te fu - tu - ro es - plen -
dor. Dul - ce Pa - tria, re - ci - be los vo - tos con que
Chi - le en tus a - ras ju - ró que o la tum - ba se - rá de los
li - bres o el a - si - lo con - tra la o - pre - sión que o la
tum - ba se - rá de los li - bres o el a - si - lo con - tra la o - pre -

Der ursprüngliche, scharf antispanische Text von 1828, gesungen auf die Melodie der argentinischen Nationalhymne, wurde 1847 von dem Dichter Eusebio Lillo (1826–1910) durch einen friedlicheren Wortlaut ersetzt. Die Melodie stammt von Ramón Carnicer (1789–1855). Fabio Petris, 1907, und Enrique Soro, 1909, haben diese Fassung überarbeitet. Von den sechs Strophen der Hymne wird laut Dekret vom 27. Juni 1941 nur die fünfte, die hier abgedruckt ist, bei offiziellen Anlässen gesungen.

Puro, Chile, es tu cielo azulado,
Puras brisas te cruzan también,
Y tu campo de flores bordado,
Es la copia feliz del Edén.
Majestuosa es la blanca montaña
Que te dió por baluarte el Señor,
Y ese mar que tranquilo te baña
Te promete futuro esplendor.
   Dulce Patria, recibe los votos
   Con que Chile en tus aras juró
   Que o la tumba serás de los libres,
   O el asilo contra la opresión.

*Rein ist, Chile, dein Himmel, der blaue,*
*Linde Lüfte durchwehn dein Gefild,*
*Prächtig leuchtet dir blumige Aue;*
*Bist fürwahr Edens glückliches Bild.*
*Majestätische, schneeige Anden*
*Gab der Herr dir zum schützenden Kranz.*
*Und das Meer, dessen Wogen dir branden,*
*Weist die Bahn uns zu künftigem Glanz.*
*   Traute Heimat, vernimm, was in Treuen*
*   Dir auf Chiles Altären erschallt:*
*   Entweder wirst du das Grab aller Freien,*
*   Oder ein sichres Asyl vor Gewalt.*

# China

Allegretto
Qi - lai! Bu yuan zuo nu - li - de ren - men! Ba wo-men-de
xue - rou, zhu-cheng wo - men xin - de chang - cheng! Zhong-hua min - zu
dao - le zui wei-xian - de shi - hou mei - ge - ren bei po - zhe fa - chu
zui - hou - de hou - sheng. Qi - lai! Qi - lai! Qi - lai!
Wo - men wan-zhong yi - xin mao zhe di-ren-de pao huo qian - jin!

Qilai! Bu yuan zuo nulide renmen!
Ba womende xuerou, zhucheng women xinde changchen!
Zhonghua minzu daole zui weixiande shiou
Meigeren bei po-zhe fachu zuihoude housheng. Qilai! Qilai! Qilai!
Women wanzhong yixin mao zhe dirende pao huo qianjin!
Mao zhe dirende pao huo qianjin! Qianjin! Qian! Jin!

*Steht auf! Wir wollen keine Sklaven sein.*
*Die lange Mauer bauet neu aus Fleisch und Blut.*
*Denn Chinas Volk schwebt in der äußersten Gefahr,*
*Und die Bedrückten schreien laut vor Wut: Steht auf! Steht auf! Steht auf!*
*Mit tausend Leibern, doch im Herzen eins, trotz feindlicher Kanonen: Vorwärts!*
*Trotz feindlicher Kanonen: Vorwärts! Vorwärts! Voran!*

Den Text verfaßte der Dramatiker Tian Han (1898–1968), die Melodie 1935 im japanischen Exil der Komponist Nie Er (1912–1935). Unter dem Namen »Marsch der Freiwilligen« am 27. September 1949 als Nationalhymne anerkannt, wurde das Lied vom Nationalen Volkskongreß am 4. Dezember 1982 bestätigt, nachdem sein Text vorübergehend verändert worden war.

# Dänemark Landeshymne

Der er et yndigt land,  
Det står med brede bøge  
Nær salten østerstrand;  
Det bugter sig i bakke, dal,  
Det hedder gamle Danmark,  
Og det er Frejas sal.

*Es liegt ein lieblich Land*  
*Im Schatten breiter Buchen*  
*Am salz'gen Ostseestrand.*  
*An Hügelwellen träumt's, im Tal,*  
*Alt-Dänemark, so heißt es,*  
*Und ist der Freja Saal.*

Der sad i fordums tid  
De harniskklædte kæmper,  
Udhvilede fra strid;  
Så drog de frem til fjenders mén,  
Nu hvile deres bene  
Bag højens bavtasten.

*Dort saß in alter Zeit*  
*Die Kämpenschar geharnischt*  
*Und ruhte aus vom Streit.*  
*Dann schlug sie auf die Feinde ein –*  
*Nun hütet ihre Knochen*  
*Des Hügels Bautastein.*

Det land endnu er skønt,  
Thi blå sig søen bælter,  
Og lovet står så grønt;  
Og ædle kvinder, skønne møer  
Og mænd og raske svende  
Bebo de danskes oer.

*Die Lande jetzt noch blühn,*  
*Vom blauen Meer umgürtet,*  
*Wie prangt das Laub so grün!*  
*Die Mädchen traut, die edlen Frau'n,*  
*Die Männer, schmucken Burschen*  
*Die Inseln rings bebaun.*

Text 1820 von dem Dichter Adam Gottlob Oehlenschläger (1779–1850), Melodie von Hans Ernst Krøyer (1798–1879).

# Dänemark   Königshymne

Kong Kristian stod ved højen mast  
  i røg og damp;  
Hans værge hamrede så fast,  
At Gotens hjelm og hjerne brast.  
Da sank hver fjendtligt spejl og mast  
  i røg og damp.  
»Fly«, skreg de, »fly, hvad flygte kan!  
Hvo står for Danmarks Kristian  
  i kamp?«

Niels Juel gav agt på stormens brag:  
  »Nu er det tid!«  
Han hejsede det røde flag  
Og slog på fjenden slag i slag.  
Da skreg de højt blandt stormens brag:  
  »Nu er det tid!«  
»Fly«, skreg de, »hver, som véd et skjul!  
Hvo kan bestå for Danmarks Juel  
  i strid!«

*Herr Christian stand am hohen Mast*  
  *In Rauch und Dampf,*  
*Sein Schwert traf wie des Hammers Last,*  
*Bis Helm und Haupt des Goten barst,*  
*Es splittert' Achterdeck und Mast,*  
  *In Rauch und Dampf.*  
*Sie schrieen: »Flieh, wer fliehen kann!*  
*Wer trotzt dem Dänen Christian*  
  *Im Kampf?«*

*Niels Juel verfolgt' des Sturmwinds Lauf:*  
  *»Jetzt ist es Zeit!«*  
*Die rote Flagge zog er auf,*  
*Zerschmetterte den Feind zuhauf.*  
*Da stöhnt' es laut im Tosen auf:*  
  *»Jetzt ist es Zeit!*  
*Sucht Zuflucht vor des Feindes Arg!*  
*Wer trotzte Juel von Dänemark*  
  *Im Streit!«*

Der Text von Johann Ewald (1743–1781) ist in einem Singspiel von Johann Ernst Hartmann (1726–1793), »Die Fischer« (1780), zum Teil schon enthalten. Die Melodie ist erstmals faßbar in einer Sammlung von anonymen Violinstücken, die 1762–77 erschien; Friedrich Kuhlau (1786–1832) gab ihr in seiner Oper »Der Elfenhügel« (1828) die für die Hymne maßgebliche Form. – Die »Königshymne« wird angestimmt, wenn die Königin oder ein Vertreter ihres Hauses anwesend ist.

# Deutschland

Deutschland, Deutschland über alles,
Über alles in der Welt,
Wenn es stets zu Schutz und Trutze
Brüderlich zusammenhält.

Von der Maas bis an die Memel,
Von der Etsch bis an den Belt –
Deutschland, Deutschland über alles,
Über alles in der Welt!

Deutsche Frauen, deutsche Treue,
Deutscher Wein und deutscher Sang
Sollen in der Welt behalten
Ihren alten schönen Klang,
Uns zu edler Tat begeistern
Unser ganzes Leben lang.
Deutsche Frauen, deutsche Treue,
Deutscher Wein und deutscher Sang!

Einigkeit und Recht und Freiheit
Für das deutsche Vaterland!
Danach laßt uns alle streben
Brüderlich mit Herz und Hand!
Einigkeit und Recht und Freiheit
Sind des Glückes Unterpfand –
Blüh im Glanze dieses Glückes,
Blühe deutsches Vaterland!

Der preußische Dichter und Hochschullehrer August Heinrich Hoffmann von Fallersleben (1798–1874), wegen liberaler, die Einheit Deutschlands fordernder Gesinnung seines Landes verwiesen, schrieb am 26. August 1841 auf der damals britischen Insel Helgoland das »Lied der Deutschen«, dem er eine Komposition von Joseph Haydn (1732–1809) zugrunde legte. Haydn hatte die Melodie 1797 auf Leopold Haschkas Text »Gott erhalte Franz den Kaiser« erfunden (und im gleichen Jahr zum Thema eines Satzes in seinem Quartett op. 76, Nr. 3 gemacht, das fortan »Kaiserquartett« hieß); beider Lied wurde die österreichische Hymne. Eine Verordnung des Reichspräsidenten Friedrich Ebert vom 11. August 1922 erklärte das Deutschlandlied zur offiziellen deutschen Nationalhymne, als die es bis 1945 in Geltung blieb. Es löste »Heil dir im Siegerkranz« (vgl. die Hymne von Großbritannien) mit dem Text von Heinrich Harries ab. Am 29. April 1952 und am 2. Mai 1952 bestätigte es ein Briefwechsel zwischen dem Bundespräsidenten Theodor Heuss und Bundeskanzler Konrad Adenauer als Nationalhymne der Bundesrepublik Deutschland, nachdem eine von Heuss angeregte »Hymne an Deutschland« (»Land des Glaubens, deutsches Land«) von Rudolf Alexander Schröder (1878–1962) und Hermann Reutter (1900–1985) nicht die nötige Resonanz gefunden hatte. Bei staatlichen Anlässen wird nur die dritte Strophe gesungen, die Bundespräsident Richard von Weizsäcker nach der Wiedervereinigung (3. 10. 1990) mit Brief vom 19. August 1991 an Bundeskanzler Helmut Kohl als »Nationalhymne für das deutsche Volk« bestätigte.

# Estland

Con brio
f
Mu i - sa - maa, mu õnn ja rõõm, kui kau - nis o - led sa! Ei
lei - a mi - na iial tääl see suu - re, lai - a ilma pääl, mis
mull' nii ar - mas o - leks ka, kui sa, mu i - sa - maa!

Mu isamaa, mu õnn ja rõõm, kui kaunis
oled sa!
Ei leia mina iial tääl see suure, laia ilma pääl,
Mis mull' nii armas oleks ka, kui sa, mu
isamaa!

Sa oled mind ju sünnitand ja üles kasvatand!
Sind tänan mina alati ja jään sull' truiks
surmani!
Mull' kõige armsam oled sa, mu kallis
isamaa!

Su üle Jumal valvaku, mu kallis isamaa!
Ta olgu sinu kaitseja ja võtku rohkest'
õnnista'.
Mis iial ette võtad sa, mu kallis isamaa!

*Mein Vaterland, mein Glück und meine Freude,*
*wie schön bist du!*
*Nirgendwo finde ich auf dieser großen weiten*
*Welt,*
*Was mir so lieb wäre wie du, mein Vaterland!*

*Du hast mich doch geboren und aufgezogen;*
*Dir danke ich immerdar und bleibe dir treu bis*
*zum Tode!*
*Du bist mir das Liebste, mein teures Vaterland!*

*Gott möge über dir wachen, mein teures*
*Vaterland!*
*Er sei dein Beschützer und gebe dir reichen*
*Segen,*
*Was immer du dir vornimmst, mein teures*
*Vaterland!*

Nationalhymne seit 1991 (wie zuvor 1917–1940).
Fredrik Pacius (1809–1891) war der Komponist der Melodie, die auch finnische Staatshymne ist. Autor des Textes war Johann Woldemar Janssen (1819–1900). Erstmals gesungen wurde das Lied 1869 bei einem Gesangsfest in Tartu.

# Finnland

Andante maestoso
f
mf
cresc.
ff
1. Oi maam- me, Suo - mi, syn - nyin - maa, soi, sa - na kul - tai - nen!
Ei laak - so - a, ei kuk - ku - laa, ei
vet - tä, ran - taa rak - kaam - paa kuin ko - ti - maa tää poh - joi -
nen, maa kal - lis i - si - en.

*(Finnisch)*

Oi maamme, Suomi, synnyinmaa,
Soi, sana kultainen!
Ei laaksoa, ei kukkulaa,
Ei vettä, rantaa rakkaampaa
Kuin kotimaa tää pohjoinen,
Maa kallis isien.

*(Schwedisch)*

Vårt land, vårt land, vårt fosterland,
Ljud högt, o dyra ord!
Ej lyfts en höjd mot himlens rand,
Ej sänks en dal, ej sköljs en strand,
Mer älskad än vår bygd i nord,
Än våra fäders jord.

*O Heimat, Heimat, Vaterland,*
*Kling laut, du teures Wort!*
*Kein Land, so weit der Himmelsrand,*
*Kein Land mit Berg und Tal und Strand*
*Wird mehr geliebt als unser Nord,*
*Hier unsrer Väter Hort.*

Der ursprünglich schwedische Text stammt aus »Fähnrich Stahl« (1847), dem Hauptwerk des finnischen Dichters Johan Ludvig Runeberg (1804–1877), die Melodie schrieb Fredrik Pacius (1809–1891) aus Hamburg, der führende Repräsentant des finnischen Musiklebens im 19. Jahrhundert. Paavo Kajander übersetzte die Hymne ins Finnische. (Die Melodie war seit 1917 und ist heute wieder Nationalhymne Estlands.)

# Frankreich

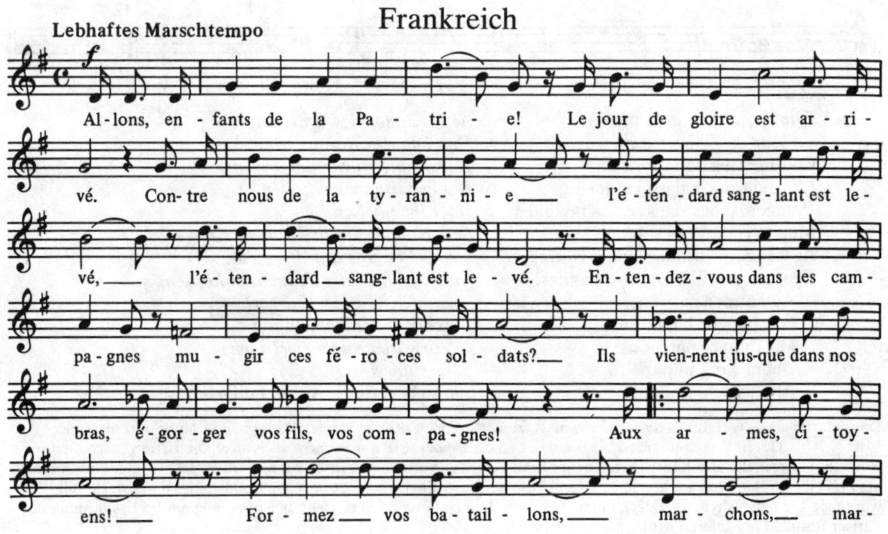

Lebhaftes Marschtempo
Al - lons, en - fants de la Pa - tri - e! Le jour de gloire est ar - ri -
vé. Con - tre nous de la ty - ran - ni - e l'é - ten - dard sang - lant est le -
vé, l'é - ten - dard sang - lant est le - vé. En - ten - dez - vous dans les cam -
pa - gnes mu - gir ces fé - ro - ces sol - dats? Ils vien - nent jus - que dans nos
bras, é - gor - ger vos fils, vos com - pa - gnes! Aux ar - mes, ci - toy -
ens! For - mez vos ba - tail - lons, mar - chons, mar -

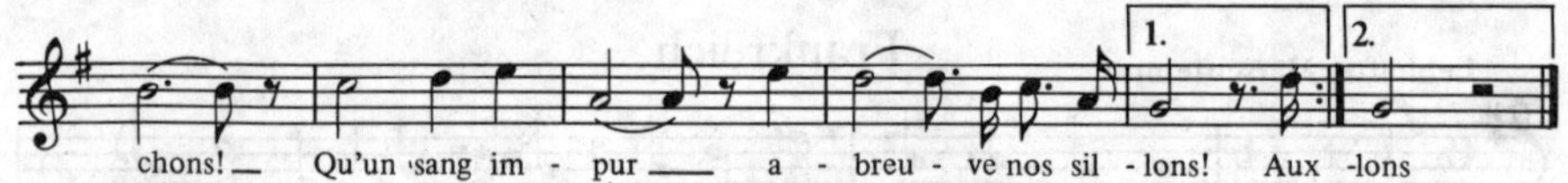


| | |
|---|---|
| Allons enfants de la patrie! | Auf, Kinder des Vaterlands! |
| Le jour de gloire est arrivé. | Der Tag des Ruhms ist da. |
| Contre nous de la tyrannie | Gegen uns wurde der Tyrannei |
| L'étendard sanglant est levé. | Blutiges Banner erhoben. |
| Entendez-vous dans les campagnes | Hört ihr im Land |
| Mugir ces féroces soldats? | Das Brüllen der grausamen Krieger? |
| Ils viennent jusque dans nos bras, | Sie rücken uns auf den Leib, |
| Egorger vos fils, vos compagnes! | Eure Söhne, eure Frauen zu köpfen. |
| Aux armes citoyens! | Zu den Waffen, Bürger! |
| Formez vos bataillons, | Schließt die Reihen, |
| Marchons, marchons! | Vorwärts, marschieren wir! |
| Qu'un sang impur | Das unreine Blut |
| Abreuve nos sillons! | tränke unserer Äcker Furchen! |

Die »Marseillaise« verfaßte in der Nacht vom 24. zum 25. April 1792 der Pionier-Hauptmann Claude-Joseph Rouget de Lisle (1760–1836) in Straßburg als »Kriegslied der Rheinarmee«. Sie war gedacht als Aufruf, die Errungenschaften der Revolution gegen die absolutistischen Gegner Frankreichs zu verteidigen. Ihren Namen erhielt sie von den Parisern, als ein Freiwilligen-Bataillon aus Marseille im Juli 1792 das Kampflied beim Einzug in die Hauptstadt sang. Am 15. Juli 1795 wurde sie zur Landeshymne erklärt, einen Tag nach dem Nationalfeiertag, der zur Erinnerung an die Erstürmung der Pariser Bastille 1789 gefeiert wird.

# Griechenland

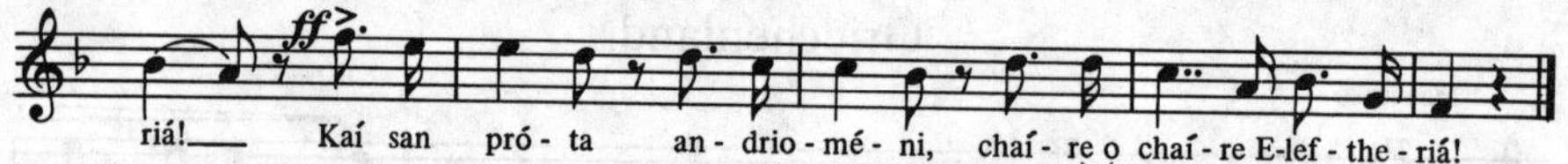


| | |
|---|---|
| Sé gnoríso apó tin kópsi | *Dich erkenn ich: deinem Schwerte* |
| Tú spathiú tin tromerí, | *Eigen ist der Zornesblitz;* |
| Sé gnoríso apó tin ópsi, | *Dich erkenn ich an der Fährte* |
| Pú me wiá metrái ti jí. | *Deines ungestümen Schritts.* |
| | |
| Ap' ta kókkala wgalméni | *Die du aus der Griechen Knochen* |
| Tón Ellénon ta ierá, | *Wutentbrannt entsprossen bist,* |
| Kaí san próta andrioméni, | *Die das Sklavenjoch zerbrochen,* |
| Chaíre, o chaíre Eleftheriá! | *Heil dir, Freiheit, sei gegrüßt!* |

Dionysios Solomós (1798–1857) schrieb die »Freiheitshymne« 1823. Sie besteht aus 158 Strophen, von denen meist nur die beiden ersten gesungen werden. Nikolaos Mantzaros (1795–1873) komponierte 1828 die Melodie. Nationalhymne seit 1864.

# Großbritannien

| | |
|---|---|
| God save our gracious Queen, | *Gott, schütz die edele* |
| Long live our noble Queen, | *Gnädige Königin,* |
| God save the Queen. | *Lang lebe sie.* |
| Send her victorious, | *Wollest ihr Sieg verleihn,* |
| Happy and glorious, | *Laß sie in Ruhm gedeihn,* |
| Long to reign over us, | *Lang unsre Herrin sein,* |
| God save the Queen. | *Gott schütze sie!* |

O Lord our God, arise,
Scatter our enemies,
And make them fall;
Confound their politics,
Frustrate their knavish tricks;
On Thee our hopes we fix,
God save us all.

Thy choicest gifts in store
On her be pleased to pour,
Long may she reign.
May she defend our laws,
An ever give us cause
To sing, with heart and voice,
Got save the Queen.

*Herr, unser Gott, steh auf,*
*Hemm ihrer Gegner Lauf*
*Und stürz sie all.*
*Bann, was die Feind erdacht,*
*Klügelnd hervorgebracht!*
*Wir baun auf deine Macht,*
*Gott schütz uns all!*

*Gott, leihe für und für*
*Edelste Gaben ihr!*
*Lang herrsche sie.*
*Hort der Gerechtigkeit*
*Sei sie, daß alle Zeit*
*Lied ihr und Herz geweiht:*
*Gott schütze sie!*

Die älteste aller Nationalhymnen geht auf ein patriotisches Lied wohl des 17. Jahrhunderts zurück. Worte wie Melodie sind anonym. Bis 1745 lassen sie sich in der überlieferten Form zurückverfolgen. Die Melodie wurde nicht nur zur Nationalhymne Großbritanniens und für lange Zeit der Länder des Commonwealth, sondern fand auch in mehreren anderen Ländern Verwendung, so im Deutschen Kaiserreich (»Heil dir im Siegerkranz«), in Liechtenstein, in Schweden, der Schweiz (»Rufst du, mein Vaterland«) und in den Vereinigten Staaten.

# Indien

Maestoso
Ja - na ga - na ma - na adhi - nā - ya - ka, ja - ya - hé! Bhā - ra - ta bhā - gya vi -
dhā - tā. Pan - jā - ba Sin - dhu Guj - rā - ta Ma - hā - rā - - tā
Drā - vi - da Ut - ka - la Ban - ga Vind - hya Hi - mā - cha - la
Ya - mu - nā Gan - gā uch' ha - la ja - la - dhi ta - ran - ga.
Ta - va sub - ha nā - mé ja - gé, ta - va sub - ha ā - si - sa

Den Text verfaßte und vertonte Indiens großer, seinerzeit auch in Deutschland vielgelesener Dichter Rabindranath Tagore (1861–1941). Das Lied, das in Bengali geschrieben ist, wurde 1912 erstmals publiziert und am 24. Januar 1950 von der verfassunggebenden Versammlung als Nationalhymne angenommen.

54

Jana-gana-mana-adhināyaka, jaya hé Bhārata-bhāgya-vidhātā.
Panjāba-Sindhu-Gujrāta-Marātha-Drāvida-Utkala-Banga
Vindhya-Himāchala-Yamunā-Gangā uch'chhala-jaladhi-taranga
Tava subha nāmé jagé, tava subha āsisa māgé, gāhé taya jaya-gāthā.
Jana-gana-mangala-dāyaka, jaya hé Bhārata-bhāgya-vidhātā.
Jaya hé, jaya hé, jaya hé, jaya, jaya, jaya, jaya hé.

*Der du die Herzen der Völker durchwaltest und unsres Landes Schicksal gestaltest,*
*Panjab und Orissa, das Land der Gujraten, Bengalen, der Süden, das Reich der Marathen,*
*Himalaya, Vindhya, die heiligen Quellen von Jamna und Ganga, des Ozeans Wellen*
*Erwachen bei deinem Namen, dem hehren, nach deiner Gnade sie flehend begehren*
*Und singen Lieder zu deinen Ehren, der du zum Segen der Völker waltest*
*Und unsres Landes Schicksal gestaltest. Heil dir, Heil dir, dir sei Heil!*

# Indonesien

Marschmäßig ♩ = 104
In - do - ne - sia ___ ta - nah a - ir - ku ta - nah
tum - pah da - rah - ku. Di - sa - na - lah ___ a - ku ber -
di - ri ja - di pan - du I - bu - ku. In - do -
ne - sia ___ ke - bang - sa an - ku, bang - sa dan ta - nah a -
ir - ku ma - ri - lah ki - ta ber - se - ru. In - do -

mf
ne - sia ber - sa - tu hi - dup - lah ta - nah - ku hi - dup -
lah ne - gri - ku Bang - sa - ku! Rak - yat - ku se - m - wa - nya ba - ngun -
lah ji - wa - nya ba - ngun - lah ba - dan - nya un - tuk In - do - ne - sia Ra -
ff
ya. In - do - ne - sia Ra - ya mer - de - ka mer - de - ka ta - nah -
ku ne - gri - ku yang ku - cin - ta. In - do - ne - sia Ra - ya mer - de -
molto ritard.
1.
2.
ka mer - de - ka hi - dup - lah In - do - ne - sia Ra - ya. In - do - - ja.

Indonesia tanah airku  
Tanah tumpah darahku.  
Disanalah aku berdiri  
Jadi pandu Ibuku.  
Indonesia kebangsa anku  
Bangsa dan tanah airku  
Marilah kita berseru.  
Indonesia bersatu  
Hiduplah tanahku  
Hiduplah negriku  
Bangsaku! Rakyatku semwanya  
Bangunlah jiwanya  
Bangunlah badannya  
Untuk Indonesia Raya.

Indonesia Raya merdeka merdeka  
Tanahku negriku yang kucinta.  
Indonesia Raya merdeka merdeka  
Hiduplah Indonesia Raya.

*Indonesien, mein Vaterland,*  
*Du meine Heimat.*  
*Hier steh ich*  
*Als dein Begleiter, meine Mutter.*  
*Indonesisch ist meine Nationalität*  
*Und meine Heimat.*  
*Laßt uns rufen:*  
*Vereinigt Indonesien,*  
*Lang lebe meine Heimat,*  
*Lang lebe mein Land,*  
*Meine Nation, mein ganzes Volk!*  
*Wecke deine Seele,*  
*Wecke deinen Körper*  
*Für das große Indonesien!*

*Freies, großes Indonesien,*  
*Meine geliebte Heimat,*  
*Freies, großes Indonesien,*  
*Lang lebe das große Indonesien!*

Text und Melodie verfaßte 1928 Wage Rudolf Supratman (1903–1938); seit der Proklamation der Republik Indonesien am 17. August 1945 ist das Lied Nationalhymne.

# Irak

60

Da Capo al Fine

Waṭanun madda ‘alā l-ufqi ğanāḥā
Wa ’rtadā mağda l-ḥaḍārāti wišāḥā
Būrikat arḍu l-furataini waṭan
‘Abqariya l-mağdi ‘azman wa-samāḥā


Hāḏihi l-arḍu lahībun wa-sanā’
             wa-šumūḫun lā tudānīhi samā’
Ğabalun yasmū ‘alā hāmi d-dunā
             wa-suhūlun ğassadat fīnā l-ibā’
Bābilun fīnā wa-Āšūrun lanā
             wa-binā t-tārīḫu yaḫḍallu ḍiyā’
Naḥnu fī n-nāsi ğam‘anā waḥdanā
             ġaḍabata s-saifi wa-ḥilma l-anbiyā’


Ḥīna auqadnā rimāla l-‘urbi ṯaura
Wa-ḥamalnā rāyata t-taḥrīri fikra
Munḏu an lazza muṯanna l-ḫaili muhra
Wa-Ṣalāḥu d-dīni ġaṭṭāhā rimāḥā

62

*Ein Heimatland, das seine Flügel über den Horizont hinausreckt,*
*Und den Ruhm der Kulturen wie eine Schärpe trägt.*
*Gesegnet sei das Land der beiden Flüsse, ein Heimatland,*
*Legendär an Ruhm, Energie und Toleranz.*

*Diese Erde ist Flamme und Glanz. Sie ist so erhaben, daß der Himmel*
*ihr nicht nahekommt.*
*Ein Berg, der über die Gipfel dieser Welt hinausragt, mit Ebenen,*
*die uns mit Stolz erfüllen.*
*Babylon und Assyrien gehören zu uns. Die Geschichte empfängt durch*
*uns Impulse aus Licht.*
*Denn wir allein unter allen Menschen besitzen den Zorn des Schwertes*
*und die Milde der Propheten.*

*Da wir den Sand der Araber durch Revolution in Brand setzten*
*Und das Banner der Freiheit als Idee vorantrugen,*
*Als Roß und Füllen nebeneinander trabten*
*Und Saladin sie mit Pfeilen bedeckte.*

Komponist der Melodie ist Walid Georges Gholmieh (* 1938), Verfasser des gewöhnlich nicht dazu gesungenen Textes Shafiq Abdul Jabar al-Kamali (1930–1984). Durch Erlaß des Revolutionsrates vom 30. Juni 1981 wurde die Hymne zum 17. Juli 1981 eingeführt.

# Iran

Sar zad az ufuq    mihr-i ḫāwarān
Furūġ-i dīda-yi    ḥaqq-bāwarān

Bahman –     farr-i īmān-i māst
Payāmat ay Imām   istiqlāl. āzādī- naqš-i ğān-i māst

Sahīdān – pīčīda dar gūš-i zamān faryād-i tān

Pāyanda mānī wa ğāwidān
Ğumhūrī-yi islāmī-i Irān


*Empor stieg am Horizont*   *die Sonne des Ostens,*
*Augenlicht*       *der Rechtgläubigen.*

*Bahmanmond –*     *Glanz unseres Glaubens.*
*Deine Botschaft, o Imam,*  *von Unabhängigkeit und Freiheit.*
           *ist eingeprägt in unsere Seelen.*

*O Märtyrer – es hallt wider im Ohr der Zeit euer Schmerzensschrei.*

*Beständig währe und ewig,*
*Islamische Republik Iran.*


Mit der Melodie der Hymne gewann 1990 der Komponist Hassan Riahi (*1945) einen nationalen Wettbewerb. Der Autor des Textes ist nicht bekannt.

# Irland

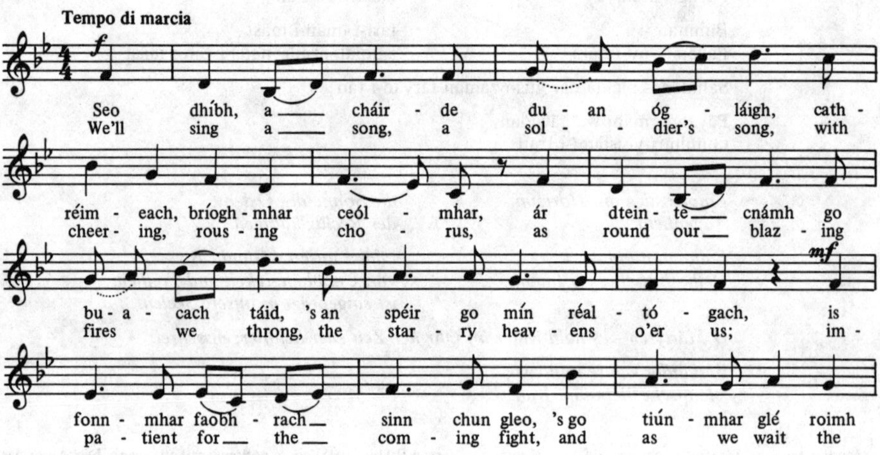

Tempo di marcia

Seo dhíbh, a —— cháir - de du - an óg - láigh, cath -
We'll sing a —— song, a sol - - dier's song, with

réim - each, bríogh - mhar ceól - mhar, ár dtein - te—— cnámh go
cheer - ing, rous - ing cho - rus, as round our—— blaz - ing

bu - a - cach táid, 's an spéir go mín réal - tó - gach, is
fires we throng, the star - ry heav - ens o'er us; im -

fonn - mhar faobh - rach—— sinn chun gleo, 's go tiún - mhar glé roimh
pa - tient for—— the—— com - ing fight, and as we wait the

cresc.
thíocht do'n ló, fé chiú - nas chaomh na hoí -che ar seol: Seo libh,
morn- ing's light, here in the si - lence of the night, we'll

Chor
can-aidh Amh - rán na bh Fiann. Sinn ne Fion - na Fáil a -
chant a sol - dier's song. Sol - diers are we, whose

tá fé gheall ag Éir - inn, buidhean dár sluagh thar
lives are pledged to Ire - land; some have come from a

tuinn do ráin - ig chúghainn, fe mhoid bheith saor. Sean -
land be - yond the wave. Sworn to be free, no

tír ár sinn - sear feas - ta ní fág - far fé'n tío - rán ná fé'n
more our an - cient Sire - land shall shel - ter the des - pot or the

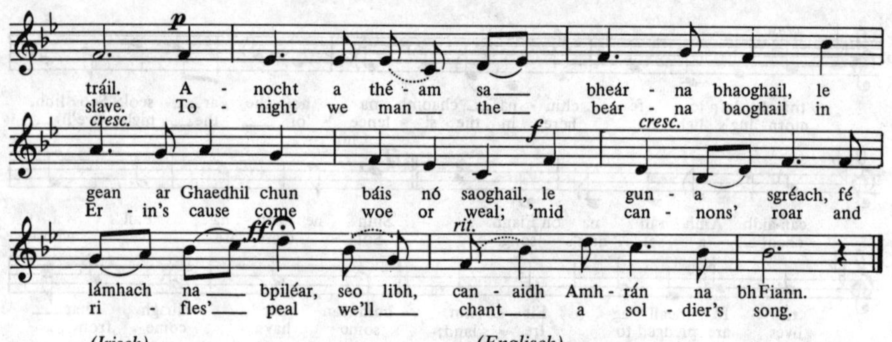


(Irisch)

Seo dhíbh, a cháirde duan ógláigh,
Cathréimeach bríoghmhar ceólmhar,
Ár dteinte cnámh go buacach táid,
'San spéir go mín réaltógach.
Is fonnmhar faobhrach sinn chun gleo
'S go tiúnmhar glé roimh thíocht do'n ló,
Fé chiúnas chaomh na hoíche ar seol:
Seo libh, canaidh Amhrán na bh Fiann.

(Englisch)

We'll sing a song, a soldier's song,
With cheering, rousing chorus,
As round our blazing fires we throng,
The starry heavens o'er us;
Impatient for the coming fight,
And as we wait the morning's light,
Here in the silence of the night,
We'll chant a soldier's song.

Sinn ne Fionna Fáil atá fé gheall ag Éirinn,
Buidhean dár sluagh thar tuinn do ráinig
Fé mhoid bheith saor.                    [chúghainn,
Seantír ár sinnsear feasta,
Ní fágfar fé'n tíorán ná fé'n tráil.
Anocht a théam sa bheárna bhaoghail,
Le gean ar Ghaedhil chun báis nó saoghail,
Le guna scréach, fé lámhach na bpiléar,
Seo libh, canaidh Amhrán na bh Fiann.

Soldiers are we, whose lives are pledged to Ireland;
Some have come from a land beyond the wave.
Sworn to be free,
No more our ancient Sireland,
Shall shelter the despot or the slave.
Tonight we man the bheárna bhaoghail
In Erin's cause come woe or weal;
'Mid cannons' roar and rifles' peal,
We'll chant a soldier's song.

*Wir singen ein Lied, ein Soldatenlied,*
*Das im freudigen, brausenden Chor lebt,*
*Wie der Rauch unsres Feuers zum Himmel zieht,*
*Und den Blick zu den Sternen emporhebt.*
*Verlangend nach der nahen Schlacht*
*Und daß der Morgen bald erwacht,*
*Hier in der schweigend-ernsten Nacht*
*Wir singen Soldatengesang.*

*Dir unser Kriegerblut, Insel der Kelten!*
*Mancher von uns kam mit östlichem Boot,*
*Freiheit sein Schwur!*
*Fern bleiben, Vaterland, die dich entstellten,*
*Künftig der Küste: Knecht und Despot*
*Heut nacht wird betreten die bheárna bhaoghail,*
*Ob Heil oder Weh zu uns kommen will,*
*Beim Flintenschußpfiff, der Kanonen Gebrüll:*
*Wir singen Soldatengesang.*

Die Melodie (1911) stammt von Peadar Kearney (1883–1942) und Patrick Heeney (1881–1911), der Text von Kearney allein (1907). Im Juli 1926 wurde die Hymne amtlich zum Nationallied erklärt und ins Irische von Liam O'Rinn übersetzt. Bei offiziellen Anlässen wird nur der Chor (»Sinn ne Fionna Fáil«) gesungen.

# Island

Andante
Ó, Guð vors lands! Ó, lands vors Guð! Vér lof-um þitt heil-ag-a,
heil - ag-a nafn! Úr sól-kerf-um him-nan-na hnýt-a þér krans þín-ir
her - ska-rar, tím-an - na safn! Fyr-ir þér er einn dag-ur sem
þús - und— ár, og þús-und ár dag-ur, ei meir: eitt
ei - líf - ðar, smá-blóm með titr-and-i tár, sem til - bið-ur Guð sinn og

Ó, Guð vors lands! Ó, lands vors Guð!
Vér lofum þitt heilaga, heilaga nafn!
Úr sólkerfum himnanna hnýta þér krans
þínir herskarar, tímanna safn!
Fyrir þér er einn dagur sem þúsund ár
Og þúsund ár dagur, ei meir:
Eitt eilífðar smáblóm með titrandi tár,
Sem tilbiður Guð sinn og deyr.
Íslands þúsund ár, Íslands þúsund ár —
Eitt eilífðar smáblóm með titrandi tár,
Sem tilbiður Guð sinn og deyr.

*O Gott des Landes! Land von Gott!*
*Dein Name sei uns heilig, ja heilig alle Stund'.*
*Dir winden aus Sonnensystemen den Kranz*
*Deine Scharen, Äonen im Bund!*
*Vor dir ist ein Tageslauf tausend Jahr',*
*Sind tausend Jahr' nichts als ein Tag:*
*Ein Ewigkeitsblümlein in Wettergefahr,*
*Das ohne Gott gar nichts vermag.*
*Islands tausend Jahr', Islands tausend Jahr',*
*Ein Ewigkeitsblümlein in Wettergefahr,*
*Das ohne Gott gar nichts vermag.*

Zur Jahrtausendfeier der Besiedelung Islands im Jahre 1874 wurde diese Hymne in Auftrag gegeben und von dem Dichter Matthías Jochumsson (1835–1920) zusammen mit dem Komponisten Sveinbjörn Sveinbjörnsson (1847–1926) verfaßt.

# Israel

Moderato
mf
Kol— od ba - le -vav pe - ni - mah ne - fesh ye -hu - di
ho - mi - yah, u -le -fa -a -tey miz - rach ka - di -mah a -yin le Tsi - yon
tso - fi - yah, od lo av' dah tik -va - te - nu, ha - tik -vah bat
sh'not al - pa - yim, lih' -yot am chof -shi be - ar - tse - nu,
e - rets Tsi - yon vi - ru -sha -la - yim. Lih' yot am chof -shi

Kol od balevav penimah  
Nefesh yehudi homiyah,  
Ulefaatey mizrach kadimah  
Ayin leTsiyon tsofiyah,  
Od lo av'dah tikvatenu,  
Hatikvah bat sh'not alpayim,  
Lih'yot am chofshi beartsenu,  
Erets Tsiyon virushalayim.

*Solange im Herzen darinnen*  
*Ein jüdisches Fühlen noch taut,*  
*Solang gen Südost zu den Zinnen*  
*Von Zion ein Auge noch schaut,*  
*Solang lebt die Hoffnung auf Erden,*  
*Die uns zweitausend Jahre verband,*  
*Daß ein Freivolk wir wieder werden*  
*In Zions, Jerusalems Land.*

In Jassy (Rumänien) schrieb 1878 der aus Galizien stammende Dichter Naftali Herz Imber (1856–1909) die »Hatikvah« (»Hoffnung«). Der Autor der Melodie, die vielleicht ein Volkslied der Moldau ist, wurde nicht bekannt; ihre Einrichtung besorgte der in München geborene Komponist Paul Ben-Haim (1897–1984). Seit dem ersten Zionistenkongreß 1897 in Basel wurde das Lied als Hymne des Zionismus gesungen, nach der Staatsgründung 1948 als Landeshymne anerkannt.

# Italien

Allegro marziale
Fra - tel - li d'I - ta - lia, l'I - ta - lia s'è
de - sta; del - l'el - mo di Sci - pio s'è cin - ta la
te - sta. Do - v'è la vit - to - ria? Le por - ga la
chio - ma; chè schia - va di Ro - ma Id - dio la cre - ò.

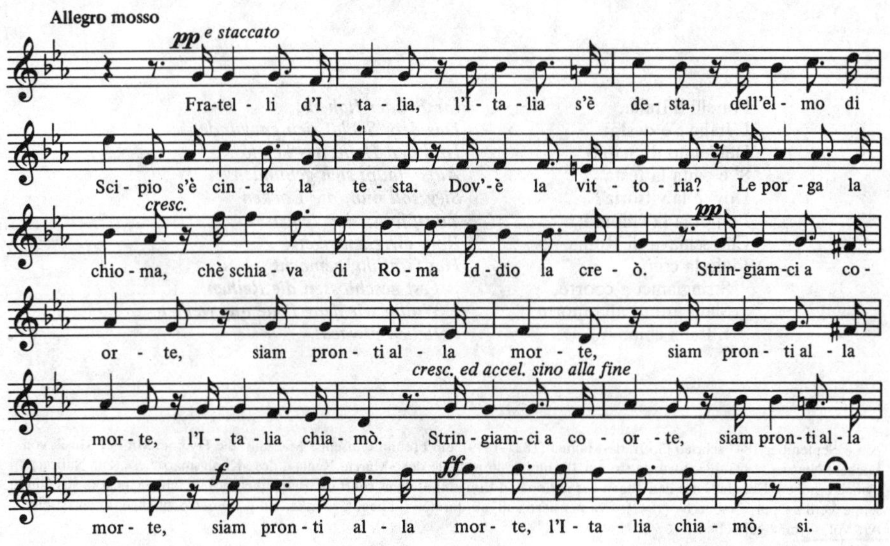

Allegro mosso
pp e staccato
Fra-tel - li d'I - ta - lia, l'I - ta - lia s'è de - sta, dell'el - mo di
Sci - pio s'è cin - ta la te - sta. Dov'-è la vit - to - ria? Le por - ga la
cresc.
chio - ma, chè schia - va di Ro - ma Id - dio la cre - ò. Strin-giam-ci a co -
or - te, siam pron - ti al - la mor - te, siam pron - ti al - la
cresc. ed accel. sino alla fine
mor - te, l'I - ta - lia chia - mò. Strin - giam-ci a co - or - te, siam pron-ti al-la
mor - te, siam pron - ti al - la mor - te, l'I - ta - lia chia - mò, si.

Fratelli d'Italia,
L'Italia s'è desta;
Dell'elmo di Scipio
S' è cinta la testa.
Dov' è la vittoria?
Le porga la chioma;
Chè schiava di Roma
Iddio la creò.
   Stringiamci a coorte,
   Siam pronti alla morte,
   L'Italia chiamò.

*Ihr Brüder Italiens,*
*Das dem Schlaf sich entwunden*
*Und den Helm des Scipio*
*Aufs Haupt sich gebunden:*
*Sieg soll nun, die Locken*
*Zu opfern, sich zeigen,*
*Rom ewig leibeigen*
*Hat Gott ihn gemacht.*
   *Fest geschlossen die Reihen,*
   *Woll'n wir dem Tode uns weihen,*
   *Italien erwacht.*

Am 8. September 1847 schrieb Goffredo Mameli (1827–1849), ein Freund Giuseppe Mazzinis, die Hymne. Mit der Musik von Michele Novaro (1822–1885) wurde sie am 18. Juni 1946 anstelle der »Marcia Reale«, des »Königsmarsches«, zur Nationalhymne erhoben. Ebenfalls aus den Tagen der nationalen Einigung Italiens rührt die Beliebtheit des Gefangenenchors aus Giuseppe Verdis Oper »Nabucco« (1842): »Va pensiero sull' ali dorate« (»Flieg, Gedanke, auf goldenen Schwingen«); er ist eine Art Volkshymne geblieben.

# Japan

Adagio ♩ = 69
Ki - mi ga yo wa chi - yo ni,
ya - chi - yo ni, sa - za - re - i - shi - no i - wa - o to
na - ri - te, ko - ke no mu - su ma - de.

Kimi ga yo wa
Chi-yo ni, yachi-yo ni,
Sazare-ishi no
Iwao to narite,
Koke no musu made.

*Bis zum Fels der Stein geworden,*
*Übergrünt von Moosgeflecht,*
*Tausend, abertausend Jahre*
*Blühe, Kaiserlich' Geschlecht!*

Der Text ist ein Gedicht eines unbekannten Autors aus dem 12. Jh., oft und zu wechselnden Melodien vorgetragen. 1870 beauftragte der einflußreiche Satsuma-Clan seinen Hausmusiker, den englischen Militärkapellmeister John William Fenton, mit der Vertonung, die bis 1876 als Nationalhymne galt. Dann wurde sie abgelöst durch eine auf altjapanische Traditionen zurückgreifende, noch heute vom japanischen Hoforchester mit den klassischen Instrumenten des Landes gespielten Vertonung von Hayashi Hiromori (1831–1896). Für die Wiedergabe durch westliche Kapellen notierte der Nachfolger Fentons, Franz Eckert (1852–1916) aus Schlesien, die Melodie Hiromoris in der dorischen Kirchentonart; 1880 zum ersten Mal gespielt, wurde sie in seiner Orchestrierung 1888 zur neuen Hymne des Landes erklärt.

# Jordanien

| | |
|---|---|
| 'Āša l-malaik | *Lang lebe der König!* |
| 'Āša l-malaik | *Lang lebe der König!* |
| Samiyan maqāmahu | *Erhaben sein Rang,* |
| Hāfiqatan fī-lma'ālī 'alamhu | *Sein Banner flatternd in den Höhen.* |

Die Melodie komponierte Abdul-Qader al-Taneer (1901–1957), die Worte sind einem Gedicht des ehemaligen Ministers Abdul Mone'm al-Rifai' (1917–1985) von 1937 entnommen. Nationalhymne seit 1946, doch schon im Jahre 1938 offiziell anerkannt.

# Kanada

♩ = 112 - 120

O Ca - na - da! Our home and na - tive land!
O Ca - na - da! Ter - re de nos aï - eux!
O Ca - na - da! Our home, no - tre pa - ys!

True pa - triot love in all thy sons com - mand. With
Ton front est ceint de fleu - rons glo - ri - eux. Car ton
La feuil - le d'é - ra - ble: One flag from sea to sea. Sol de

glow - ing hearts we see thee rise, the true north strong and free! From
bras sait por - ter l'é - pé - e, il sait por - ter la croix. Ton his -
li - ber - té, sol d'é - ga - li - té, where free - dom's ban - ner flies. Chan - tons

»O Canada« war ursprünglich das Nationallied des frankophonen Kanada (als Nationallied des englischsprachigen Landesteils galt »The Maple Leaf Forever«). Die Hymne komponierte Calixa Lavallée (1842–1891) als Auftragsarbeit anläßlich des Besuchs der Prinzessin Louise von Großbritannien und des Generalgouverneurs in Quebec 1880. Den französischen Text verfaßte Adolphe Routhier (1839–1920), ein Jurist aus Quebec. Von den rund zwanzig englischen Textversionen hat sich die hier wiedergegebene Fassung von Robert Stanley Weir (1856–1926) durchgesetzt. Als offizielle Nationalhymne gilt das Lied seit 1964, neben »God save the Queen«, das bei königlichen Festanlässen gespielt wird.

*(Englisch)*

O Canada! Our home and native land!
True patriot love in all thy sons command.
With glowing hearts we see thee rise,
The true north, strong and free!
From far and wide, o Canada,
We stand on guard for thee.
God keep our land glorious and free!
O Canada, we stand on guard for thee!

*(Gemischtsprachige Fassung)*

O Canada! Our home, notre pays!
La feuille d'érable: One flag from sea to sea.
Sol de liberté, sol d'égalité,
Where freedom's banner flies.
Chantons tous la gloire d'une riche histoire,
Our home 'neath northern skies.
O Canada! O ma patrie!
Hold high the Maple leaf o'er land and sea.
O Canada, my country, mon pays.

*(Französisch)*

O Canada! Terre de nois aïeux!
Ton front est ceint de fleurons glorieux.
Car ton bras sait porter l'épée,
Il sait porter la croix
Ton histoire est une épopée
Des plus brillants exploits;
Et ta valeur, de foi trempée,
Protégera nos foyers et nos droits.

*O Kanada, mein Heim und Vaterland,*
*An das die Liebe deine Söhne bannt.*
*Das Herz erglüht, steigst du empor,*
*Du Nordland, stark und frei.*
*Wir halten Wacht, o Kanada,*
*Wir halten Wacht dir treu.*
*O Kanada, ruhmreich und frei,*
*O Kanada, wir halten Wacht dir treu!*

# Kenia

Ee Mu - ngu ngu - vu ye - tu i - le - te ba - ra - ka kwe - tu.
O God of all crea - a - tion bless this our land and ____ na - tion
Ha - ki i - we nga - o na mli - nzi na - tu - ka - e na u - du - gu a -
Jus - tice be our shield and de - fen - der; may we dwell ____ in ____ u - ni - ty,
ma - ni na u - hu - ru ra - ha tu - pa - te na u - sta - wi.
peace ____ and lib - er - ty; plen - ty be found with - in our bor - ders.

*(Suaheli)*

Ee Mungu nguvu yetu
Ilete baraka kwetu.
Haki iwe ngao na mlinzi
Natukae na udugu
Amani na uhuru
Raha tupate na ustawi.

*(Englisch)*

O God of all creation
Bless this our land and nation
Justice be our shield and defender;
May we dwell in unity,
Peace and liberty;
Plenty be found within our borders.

*O Herr der ganzen Schöpfung,*
*Segne unser Land und unser Volk,*
*Gerechtigkeit sei unser Schutz und Schild;*
*Einig mögen wir leben,*
*In Frieden und in Freiheit;*
*An nichts möge es in unseren Grenzen fehlen.*

Die Musik geht auf eine Volksmelodie zurück. Sie wurde eingerichtet von einer fünfköpfigen Kommission, die auch den Text verfaßte. Hymne seit der Staatsgründung am 12. Dezember 1963.

# Kolumbien

Tempo di marcia ♩ = 112
p
¡Oh gloria in-mar-ce-si-ble! ¡Oh jú-bi-lo in-mor-tal! En
sur-cos de do-lo-res el bien ger-mi-na ya el
bien ger-mi-na ya. ¡Oh glo-ria in-mar-ce-si-ble!
Oh jú-bi-lo in-mor-tal! En sur-cos de do-lo-res el
Fine
bien ger-mi-na ya. Ce-só la ho-rri-ble no-che,

Die Hymne von Rafael Núñez (1825–1894), der während vier Amtsperioden Präsident Kolumbiens war, und dem italienischen Komponisten Oreste Sindici (1837–1904) erklang zum ersten Mal am 11. November 1887 im Teatro Variedades von Bogotà. Landeshymne seit 1920. Die vorliegende Bearbeitung durch José Rozo Contreras hat die Regierung 1943 als offizielle Fassung anerkannt.

¡Oh gloria inmarcesible!
¡Oh júbilo inmortal!
En surcos de dolores
El bien germina ya.

Cesó la horrible noche,
La libertad sublime
Derrama las auroras
De su invencible luz.
La humanidad entera,
Que entre cadenas gime
Comprende las palabras
Del que murió en la cruz.

*O unvergänglicher Ruhm!*
*O unsterbliche Freude!*
*In den Furchen des Schmerzes*
*Keimt das Gute bereits.*

*Die schrecklich Nacht ist zu Ende,*
*Die erhabene Freiheit*
*Verbreitet die Morgenröte*
*Ihres unbesiegbaren Lichtes.*
*Die ganze Menschheit,*
*In Ketten klagend,*
*Versteht die Worte dessen,*
*Der am Kreuze starb!*

# Kuba

Tempo di marcia
Al com - ba - te co - rred Ba - ya - me - ses que la pa triaos con -
tem - plaor - gu - llo - sa no te - mais u - na muer - te glo - rio -
sa que mo - rir por la pa - triaes vi - vir. En ca - de - nas vi -
vir es vi - vir _____ en a - fren - tay o - pro - bio su - mi - do, del cla -
rín es - cu - chad el so - ni - do: A las ar - mas va - lien - tes co - rred. ___

Al combate corred Bayameses  
Que la patria os contempla orgullosa,  
No temais una muerte gloriosa  
Que morir por la patria es vivir.

En cadenas vivir es vivir  
En afrenta y oprobio sumido,  
Del clarín escuchad el sonido:  
A las armas valientes corred.

*Auf zum Kampf, Männer von Bayamo,*  
*Das Vaterland soll mit Stolz auf euch schauen.*  
*Fürchtet den ruhmreichen Tod nicht,*  
*Denn für das Vaterland sterben heißt leben!*

*In Ketten zu leben,*  
*Ist ein Leben in Schimpf und Schande.*  
*Hört das Signal der Trompete:*  
*Zu den Waffen, mutige Helden!*

Text und Musik schrieb 1867/68 Pedro (Perucho) Figueredo (1819–1870), ein Jurist und Musiker, der im Range eines Generals an der Schlacht von Bayamo im ersten Jahr des Unabhängigkeitskampfes, 1868, teilnahm.

# Lettland

Maestoso
f
Dievs, svē - tī Lat - vi - ju, mūs' dār - go tē - vi - ju,
svē - tī jel Lat - vi - ju, ak, svē - tī jel to!
mf
Kur lat - vju mei - tas zied, kur lat - vju dē - li dzied, laid mums tur
f
1.
lai - mē diet, mūs' Lat - vi - jā!
2.
Lat - vi - jā!

<table>
<tr><td>

Dievs sveti Latviju,  
Mus' dargo teviju,  
Sveti jel Latviju,  
Ak sveti jel to!

</td><td>

*Gott segne Lettland,*  
*Unser teures Vaterland,*  
*Segne dies Lettland,*  
*Ach, segne es, Gott!*

</td></tr>
<tr><td>

Kur latvju meitas zied,  
Kur latvju deli dzied,  
Laid mums tur laime diet,  
Mus' Latvija.

</td><td>

*Dort, wo die Töchter blühn,*  
*Dort, wo die Söhne glühn,*  
*Laß uns im Glück erstehn,*  
*In unserm Lettland.*

</td></tr>
</table>

Autor von Text und Melodie der beim 1. allgemeinen lettischen Sängerfest 1873 in Riga erstmals gesungenen Hymne war der Lehrer und Komponist Karlis Baumanis (1835–1904). Nationalhymne seit 1990, wie zuvor schon 1918–1940.

# Liberia

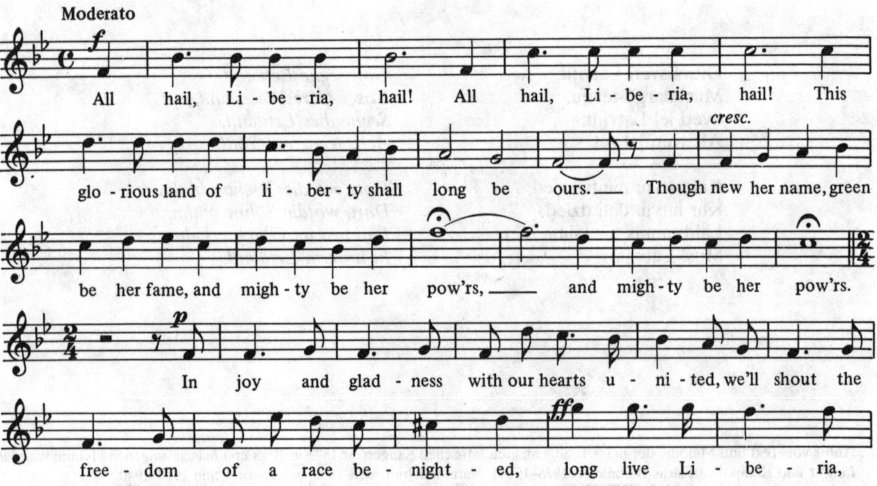

Moderato
f
cresc.
p
ff
All hail, Li - be - ria, hail! All hail, Li - be - ria, hail! This
glo - rious land of li - ber - ty shall long be ours. __ Though new her name, green
be her fame, and migh - ty be her pow'rs, __ and migh - ty be her pow'rs.
In joy and glad - ness with our hearts u - ni - ted, we'll shout the
free - dom of a race be - night - ed, long live Li - be - ria,

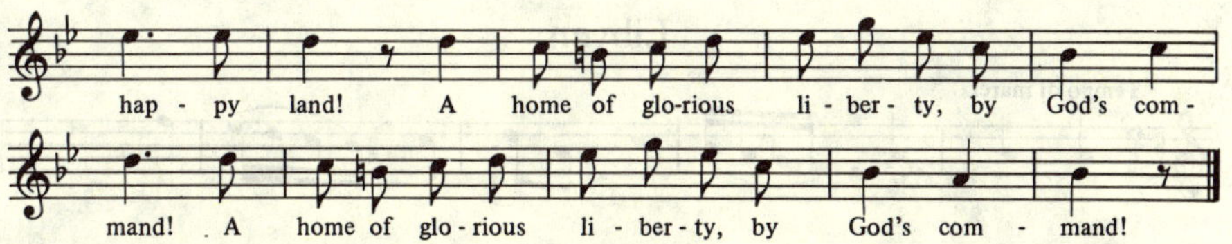


All hail, Liberia, hail!
This glorious land of liberty shall long be ours.
Though new her name, green be her fame,
And mighty be her pow'rs.
In joy and gladness with our hearts united,
We'll shout the freedom of a race benighted,
Long live Liberia, happy land!
A home of glorious liberty, by God's command!

*Heil Dir, Liberia, Heil!*
*Dies glorreiche Land der Freiheit soll lang das*

*unsre sein.*

*Ist sein Name auch neu, möge sein Ruhm doch*

*grünen*

*Und seine Kraft gewaltig sein.*
*Froh und voll Freude, mit vereinten Herzen,*
*Verkünden wir Freiheit dem geknechteten Volk,*
*Lang lebe Liberia, das glückliche Land!*
*Heimstatt glorreicher Freiheit durch Gottes*

*Fügung!*

Den Text der Hymne verfaßte Daniel Bashiel Warner (1815–1880), der 1864–1868 Ministerpräsident war. Die Melodie komponierte Olmstead Luca. Nationalhymne vom ersten Tag der Unabhängigkeit an, dem 26. Juli 1847.

# Libyen

Allāhu akbar     Allāhu akbar
Allāhu akbar fauqa kaidi l-muᶜtadī
Wa llāhu lil-maẓlūmi ḫairumu'ayyidi
Ana bil-yaqīni wa-bis-silāḥi saaftadī
Baladī wa-nūru l-ḥaqqi yasṭaᶜu fī yadī

Qūlū maᶜī      qūlū maᶜī
Allāhu akbar     Allāhu akbar
Allāhu Allāhu Allāhu akbar  Allāhu fauqa l-muᶜtadī

Yā hādihi ddunyā aṭillī wa 'smaᶜī
Ǧaišu l-aᶜādī ǧā'a yabǧī maṣraᶜī
Bil-ḥaqqi saufa arudduhu wa-bimadfaᶜī
Fa-idā fanītu fa-saufa afnīhi maᶜī

Qūlū maᶜī l-wailu lil-mustaᶜmiri
Wa llāhu fauqa l-ġādiri l-mutaġabbiri
Allāhu akbaru yā bilādī kabbirī
Wa-ḫudī bināṣīyati l-muġīri wa-dammirī

*Gott ist groß!            Gott ist groß!*
*Gott ist der Verschwörung des Feindes überlegen!*
*Gott ist dem Unterdrückten der beste Helfer!*
*Unerschütterlich im Glauben und mit Waffen will ich retten*
*Mein Land, und das Licht der göttlichen Gerechtigkeit erstrahlt in meiner Hand!*

*Stimmt mit mir ein:         Stimmt mit mir ein:*
*Gott, Gott, Gott ist groß! Gott ist erhaben über den Feind*
*Gott ist groß!             Gott ist groß!*

*O Menschen dieser Welt schaut und hört!*
*Das Heer der Feinde kam, mich zu vernichten.*
*Mit göttlicher Gerechtigkeit und mit Kanonen werde ich sie zurückschlagen!*
*Und erlischt dabei mein Leben, so lösche ich ihr Leben mit meinem aus.*

*Ruft mit mir: Verderben dem Imperialisten!*
*Gott ist erhaben über den arroganten Betrüger!*
*Gott ist groß! O mein Heimatland, rufe: Gott ist groß!*
*Packe den Aggressor bei der Stirnlocke und vernichte ihn!*

Komponist der Landeshymne von Libyen, das am 1. September 1969 zur Republik ausgerufen wurde, ist Mahmoud el-Sherif (1912–1990), Autor des Textes Abdalla Shams el-Din (1921–1977).

# Liechtenstein

Den Text soll ein Geistlicher namens Jakob Joseph Jauch (1802–1859) Mitte des 19. Jahrhunderts geschrieben haben. Von ehemals fünf Strophen sind seit 1963 noch zwei gültig, die auch geändert wurden, da der Text ursprünglich auf die frühere Zugehörigkeit des Fürstentums Liechtenstein zum Deutschen Bund Bezug nahm. Die Melodie ist die der Hymne von Großbritannien.

Oben am jungen Rhein
Lehnet sich Liechtenstein
An Alpenhöhn.
Dies liebe Heimatland,
Das teure Vaterland
Hat Gottes weise Hand
Für uns ersehn.

Hoch lebe Liechtenstein
Blühend am jungen Rhein
Glücklich und treu.
Hoch leb' der Fürst vom Land,
Hoch unser Vaterland,
Durch Bruderliebe Band
Vereint und frei.

# Litauen

Maestoso
Lie - tu - va, Tė - vy - ne mū - sų, tu did - vy - rių že - me, iš pra - ei - ties
Ta - vo sū - nūs te sti - pry - bę se - mia. Te - gul Ta - vo vai - kai ei - na
vien ta - kais do - ry - bės, te - gul dir - ba Ta - vo nau - dai ir žmo - nių gė -
ry - bei. Te - gul sau - lė Lie - tu - voi tam - su - mas pra - ša - li - na.

Lietuva, Tėvyne mūsų,
Tu didvyrių žeme,
Iš praeities Tavo sūnūs
Te stiprybę semia.

*Litauen unser Heimatland,*
*Du Land der Helden,*
*Aus der Vergangenheit mögen*
*Dein Söhne Kraft schöpfen.*

Tegul Tavo vaikai eina  
Vien takais dorybės,  
Tegul dirba Tavo naudai  
Ir žmonių gėrybei.

*Mögen deine Kinder stets*  
*Den Pfad der Tugend gehen.*  
*Mögen sie schaffen zu deinem Nutzen*  
*Und zum Wohle der Menschheit.*

Tegul saulė Lietuvoi  
Tamsumas prašalina,  
Ir šviesa, ir tiesa  
Mūs žingsnius telydi.

*Möge die Sonne in Litauen*  
*Die Finsternis vertreiben,*  
*Und das Licht und die Wahrheit*  
*Unsere Schritte begleiten.*

Tegul meilė Lietuvos  
Dega mūsų širdyse.  
Vardan tos Lietuvos  
Vienybė težydi!

*Möge die Liebe zu Litauen*  
*In unseren Herzen brennen,*  
*Um Litauens willen*  
*Möge die Einigkeit blühen!*

Nationalhymne seit 1990, wie zuvor 1918–1940 bereits. Text und Musik schrieb Vincas Kudirka (1858–1899).

# Luxemburg

Moderato
Wo d'Uel - zecht du - rech d'Wi - sen zet, durch d'Fiel - zen d'Sau - er brecht, wo'
Où l'Our ar - ro - se champs et prés, où la dou - ce Mo - sel - le bai -
d'Rief lanscht d'Mu - sel dof - teg blet, den Him - mel Wein ons mecht: Dat
gne le roc aux flancs do - rés, où le vin é - tin - cel - le: C'est
ass onst Land fir dat mer gef hei - nid - den al - les won, onst
le pa - ys au sang lo - yal, mon â - me en est rem - plie. C'est
He - mechts - land dat mir so def an on - sen Hier - zer dron. Onst
mon fo - yer, mon sol na - tal, c'est ma chè - re pa - trie. C'est

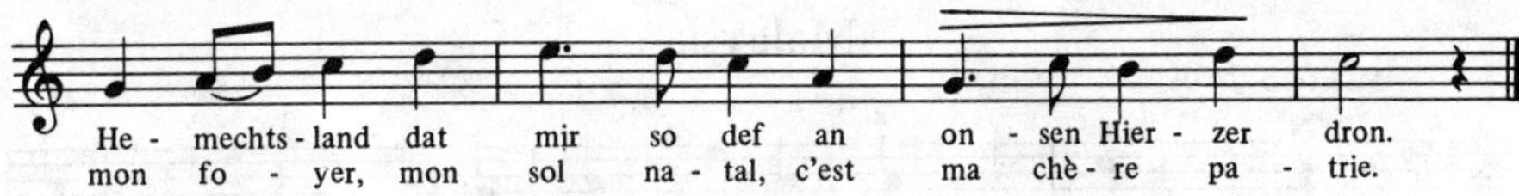


*(Letzeburgisch)*

Wo d'Uelzecht durech d'Wisen zet,
Durch d'Fielzen d'Sauer brecht,
Wo d'Rief lanscht d'Musel dofteg blet,
Den Himmel Wein ons mecht:
Dat ass onst Land, fir dat mer gef
Heinidden alles won,
Onst Hemechtsland dat mir so def
An onsen Hierzer dron.

*Wo durch die Au die Else zieht,*
*Durch Fels die Sauer bricht,*
*Das Tal der Mosel duftig blüht,*
*Die Sonne Wein verspricht:*

*(Französisch)*

Où l'Our arrose champs et prés,
Où la douce Moselle
Baigne le roc aux flancs dorés,
Où le vin étincelle:
C'est le pays au sang loyal,
Mon âme en est remplie.
C'est mon foyer, mon sol natal,
C'est ma chère patrie.

*Dort ist das Land, für das wir gern*
*Hienieden alles wagen,*
*Das Heimatland, das wir so tief*
*In unsern Herzen tragen.*

Die Worte schrieb 1864 der Nationaldichter Michel Lentz (1820–1893), die Melodie stammt von Johann Anton Zinnen (1827–1898). Seit 1895 ist das Lied offiziell Nationalhymne.

# Malaysia

Maestoso ♩ = 96
Ne - ga - ra ku, ta - nah tum - pah - nya da - rah ku ____ ra'-yat hi -
dup ber - sa - tu dan ma - ju ____ rah - mat bah - gia, Tu -
han kur - ni - ya - kan ____ ra - ja ki - ta se - la - mat ber - takh -
ta. ____ Rah - mat bah - gia, Tu - han kur - ni - ya - kan ____
____ ra - ja ki - ta se - la - mat ber - takh - ta. ____

Negara ku, tanah tumpahnya darah ku
Ra'yat hidup bersatu dan maju
Rahmat bahgia, Tuhan kurniyakan
Raja kita selamat bertakhta.

*Mein Land, mein Heimatland,*
*In dir lebt das Volk vereint und fortschrittlich.*
*Möge Gott dir Glück und Segen bringen,*
*Möge unser Herrscher in seinem Amt erfolgreich sein.*

»Negara ku« (»Mein Heimatland«) war bereits Nationalhymne des seit 1957 unabhängigen Malaya; Malaysia erkannte es im Jahr der Staatsgründung 1963 an. Der Text wird einem Sonderkomitee verdankt, die Melodie ist ein populäres malaysisches Lied von Pierre Jean de Béranger (1780–1857).

# Malta

Maestoso
mf
Lil din l-Art ħe - lwa,___ l-Omm li tat - na __ i - si - mha___
Guard her, o Lord, as ev - er Thou hast guar - ded,
ħa - res, Mu - lej - - kif dej - jem Int__ ħa - rist:___
this Moth - er - land so dear whose name we bear!
Fta - kar li lil - ħa bil - oħ - la dawl__ lib - bist!___
Keep her in mind whom Thou hast made so fair!

*(Maltesisch)*

Lil din l-Art ħelwa, l-Omm li tatna isimha
Ħares, Mulejkif dejjem Int ħarist:
Ftakar li lilha bil-oħla dawl libbist!

*(Englisch)*

Guard her, o Lord, as ever Thou hast guardet,
This Motherland so dear whose name we bear!
Keep her in mind whom Thou hast made so fair!

*Behüte, Herr, wie immer du behütet,*
*Dies Vaterland, das uns den Namen gab!*
*Vergiß es nie, das du so schön gemacht!*

Als Schulhymne sind diese Verse 1923 von dem Geistlichen Carmelo Psaila, Dun Karm genannt (1871–1961), auf eine Melodie von Robert Sammut (1870–1934) geschrieben worden. Nationalhymne seit 21. September 1964.

# Marokko

Komponist der Hymne war Léo Morgan (1919–1984), den Text verfaßte Ali Squalli Houssaini (*1932).

| Manbit al-aḥrār mašriq al-anwār | Pflanzstätte der Edlen, Morgenland der Lichter, |
|---|---|
| Muntadā s-su'dudi wa-ḥimā-h | Stätte der Herrschaft und ihr Hort, |
| Dumta muntadā-h | Mögest du fortdauern als ihre Stätte |
| Wa-ḥimā-h | und ihr Hort. |
| 'Išta fī l-auṭān lil'ulā 'unwān | Mögest du fortleben den Vaterländern für das Höchste als |
| Mil'a kulli ǧanān ḏikra kulli lisān | Muster! |
| Bir-ruḥi bil-ǧasadi | Fülle aller Herzen, Erwähnung aller Zungen, |
| Habba fatāk | Mit Seele und Leib |
| Labba nidāk | Stand deine Jugend auf, |
| Fi famī wa-fī damī | Gehorchte deinem Ruf. |
| Hawāk tār nūr wa-nār | In meinem Mund, in meinem Blut |
| Iḫwatī hayyā lil-'ulā sa'yā | Entbrannten aus Liebe zu dir Licht und Feuer. |
| Nušhidu d-dunyā innā hunā naḥyā | Vorwärts, meine Brüder, dem höchsten Ziel entgegen! |
| Bi-ši'ār | Wir bezeugen es vor der Welt: Wir leben unter dem Motto: |
| Allāh al-waṭan al-malik | Gott! Vaterland! König! |

109

# Mexiko

♩ = 76
Me - xi - ca - nos, al gri - to— de gue - rra el a - ce -ro ap - re -stad y el bri -
dón, —— y re -tiem - ble en - sus cen - tros la tie - rra al so -
no - ro ru - gir del - ca - ñón, y re -tiem - ble en sus cen - tros la
tier - - rra al so - no - ro ru - gir del— ca - ñón.
Fine

Ci - ña ¡Oh patria! tus sie - nes de o - li - va de la paz el ar - cán - gel di -
vi - no que en el cie - lo tu e - ter - no des - ti - no por el
de - do de Dios se es - cri - bio. Mas si o - sa - re un ex - tra - ño e - ne -
mi - go pro - fa - nar con su plan - ta tu sue - lo, pien - sa ¡Oh
pa - tria que - ri - da! que el cie - lo un sol - da - do en ca - da hi - jo te
Da Capo al Fine
dió, un sol - da - do en ca - da hi - jo te dió.

Mexicanos, al grito de guerra
El acero aprestad y el bridón,
Y retiemble en sus centros la tierra
Al sonoro rugir del cañón.

Ciña ¡Oh patria! tus sienes de oliva
De la paz el arcángel divino
Que en el cielo tu eterno destino
Por el dedo de Dios se escribió.

Mas si osare un extraño enemigo
Profanar con su planta tu suelo,
Piensa ¡Oh patria querida! que el cielo
Un soldado en cada hijo te dió.

*Mexikaner, auf, sattelt die Pferde,*
*Wägt die Waffe, Kriegsschreie drohn;*
*Nun durchbebe das Innre der Erde*
*Der Kanone aufgrollender Ton.*

*Dir, o Vaterland, soll mit dem Ölzweig*
*Heil'ger Erzengel die Schläfen umwinden,*
*Da dir in Lettern am Himmel verkünden*
*Gottes Hände dein ew'ges Geschick.*

*Aber so je eines feindlichen Fremdlings*
*Fuß deinen Boden verbrecherisch schändet:*
*Teures Vaterland, Gottes Gnade sendet*
*Soldaten, so viel du Söhne gezeugt.*

Den Text schrieb Francisco González Bocanegra (1824–1861) für einen Nationalhymnen-Wettbewerb im November 1853. Er hatte sich anfänglich geweigert, daran teilzunehmen, doch soll ihn seine Braut so lange eingesperrt haben, bis das Werk vollendet war. Die heutige Melodie verfaßte 1854 der Katalane Jaime Nunó (1824–1908), oberster Leiter der mexikanischen Militärkapellen; die Hymne wurde im gleichen Jahr am Unabhängigkeitstag, dem 16. September, uraufgeführt.

# Monaco

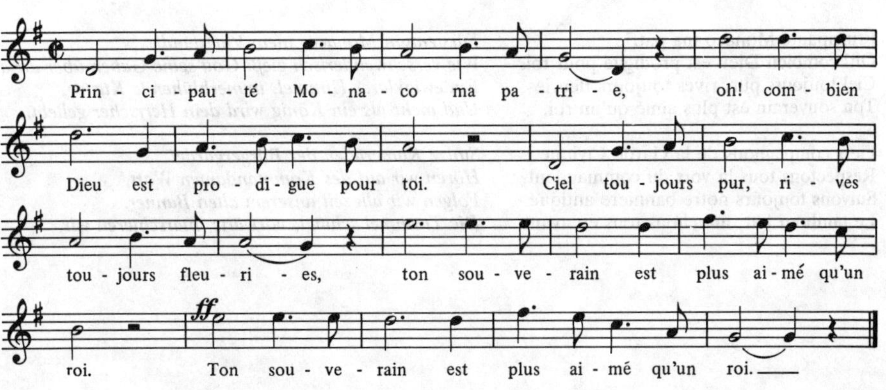

Prin - ci - pau - té Mo - na - co ma pa - tri - e, oh! com - bien
Dieu est pro - di - gue pour toi. Ciel tou - jours pur, ri - ves
tou - jours fleu - ri - es, ton sou - ve - rain est plus ai - mé qu'un
roi. Ton sou - ve - rain est plus ai - mé qu'un roi.

Principauté Monaco ma patrie,
Oh! combien Dieu est prodigue pour toi.
Ciel toujours pur, rives toujours fleuries,
Ton souverain est plus aimé qu'un roi.

Fiers compagnons de la Garde Civique,
Respectons tous la voix du commandant.
Suivons toujours notre bannière antique.
Le tambour bat, marchons tous en avant.

*Fürstentum Monaco, mein Vaterland!*
*Wie verschwenderisch gießt Gott seine Gaben über dir aus.*
*Ein ewigklarer Himmel, immerblühende Küsten,*
*Und mehr als ein König wird dein Herrscher geliebt.*

*Stolze Kameraden der Bürgergarde!*
*Hören wir auf des Kommandanten Wort,*
*Folgen wir allezeit unserem alten Banner.*
*Die Trommel schlägt, vorwärts, marschieren wir.*

Hymne seit Dezember 1867. Die Musik schrieb der Komponist Charles Albrecht (1817–1895) nach Motiven eines patriotischen Marschliedes der Nationalgarde, zu dem Théophile Bellando (1820–1903), Notar und Offizier der Garde, die vier Textstrophen verfaßt haben soll. Der hier besungene Herrscher war Prinz Charles III., dem Monaco die Grundlagen seiner Prosperität im 19. Jh. verdankt; er regierte 1856–1889.

# Neuseeland

♩ = 108
God of na - tions! At Thy— feet, in the bonds of love— we— meet.
Hear our voic - es we en - treat, God de - fend our Free — Land.
Guard Pa - ci - fic's tri - ple— star from the shafts of— strife— and— war,
make her prais - es heard a - far, God de - fend New Zea - land.

God of nations! At Thy feet,
In the bonds of love we meet.
Hear our voices we entreat,
God defend our Free Land.
Guard Pacific's triple star
From the shafts of strife and war,
Make her praises heard afar,
God defend New Zealand.

*Herr aller Völker! Zu Deinen Füßen*
*Sammeln wir uns, in Liebe verbunden.*
*Wir flehen: Erhöre unsere Stimmen,*
*Gott beschütze unser freies Land.*
*Bewahr den Dreistern des Pazifik*
*Vor des Streits und des Krieges Pfeilen,*
*Laß weithin seinen Ruhm erklingen,*
*Gott beschütze Neuseeland.*

Thomas Bracken (1843–1898) veröffentlichte seine Verse 1875 im »Saturday Advertiser« von Dunedin, Provinz Otago, dessen Herausgeber er war, und bot 10 Guineas für die beste Melodie dazu. Drei namhafte Komponisten erkannten John Joseph Woods (1849–1934), Lehrer in Lawrence, Otago, diesen Preis zu. Während der 1930er Jahre und früher schon viel gespielt, erhielt das Lied am 1. Mai 1940 durch Erlaß des Innenministers offizielle Anerkennung. Staatshymne seit 21. November 1977. »God save the Queen« behielt daneben seine Gültigkeit, wie in jedem anderen Land des Commonwealth.

# Niederlande

117

Wilhelmus van Nassouwe
Ben ick van Duytschen bloet,
Den Vaderlant ghetrouwe
Blijf ick tot in den doet;
Een Prince van Oraengien
Ben ick vrij onverveert,
Den Coninck van Hispaengien
Heb ick altijt gheeert.

Mijn schilt ende betrouwen
Sijt ghy, o Godt mijn Heer.
Op u soo wil ick bouwen;
Verlaet mij nemmermeer.
Dat ick doch vroom mach blijven,
U dienaer taller stondt,
Die Tyranny verdrijven,
Die mij mijn hert doorwondt.

*Wilhelm von Nassau*
*Bin ich von deutschem Blut,*
*Dem Vaterlande treu*
*Bleib ich bis in den Tod.*
*Ein Prinz von Oranien*
*Bin ich ganz unverzagt,*
*Den König von Spanien*
*Hab ich allzeit geehrt.*

*Mein Schild und mein Vertrauen*
*Bist Du, o Gott, mein Herr,*
*Auf dich will ich nur bauen,*
*Verlaß mich nimmermehr;*
*Daß ich doch fromm mag bleiben,*
*Dir dienen alle Stund,*
*Die Tyrannei vertreiben,*
*Die mir mein Herz verwundt.*

Das Nationallied »Wilhelmus von Nassouwe« wurde 1568 oder etwas später wahrscheinlich von Philip Marnix, Herr von Sint Aldegonde (1540–1598), geschrieben. Prinz Wilhelm von Nassau (1533–1584), vor den Spaniern aus den Niederlanden geflüchtet, hatte bis dahin vergeblich versucht, das Land zu befreien; der Dichter empfiehlt ihn in diesem strophenreichen Lied seinem Volk als Führer des Aufstands gegen Philipp II. von Spanien. Die Melodie ist zeitgenössisch, sie wurde einem französischen Spottlied auf den Prinzen von Condé entnommen. Ende des 19. Jahrhunderts de facto zur Nationalhymne geworden, bestätigte der Ministerrat im Mai 1932 das Lied offiziell; es trat an die Stelle von »Wien Nedrlandsch Bloed«.

118

# Nigeria

♩ = 106

A - - rise, o com - pa - triots, Ni - ge - ria's call o -

bey to ___ serve our fa - ther - land with ___ love and strength and

faith. The la - bour of our he - roes past shall

ne - ver be in vain to serve with heart and might one

na - tion bound in free - dom, peace and u - ni - ty.

Arise, o compatriots, Nigeria's call obey
To serve our fatherland
With love and strength and faith.
The labour of our heroes past
Shall never be in vain
To serve with heart and might
One nation bound in freedom, peace and unity.

*Landsleute, erwacht! Nigeria ruft!*
*Gehorcht und dient unserem Vaterland,*
*Mit Liebe, Kraft und Glauben!*
*Unsrer Helden Mühen*
*Sollen nicht vergebens sein,*
*Im Dienst mit Herz und Hand*
*Für ein Volk, das in Freiheit und Frieden vereint.*

Nationalhymne seit 1. Oktober 1978. Den Text verfaßte ein Sonderkomitee aus Vertretern der 20 Bundesstaaten Nigerias, die Musik schrieb Benedict Elide Odiase (* 1934).

# Norwegen

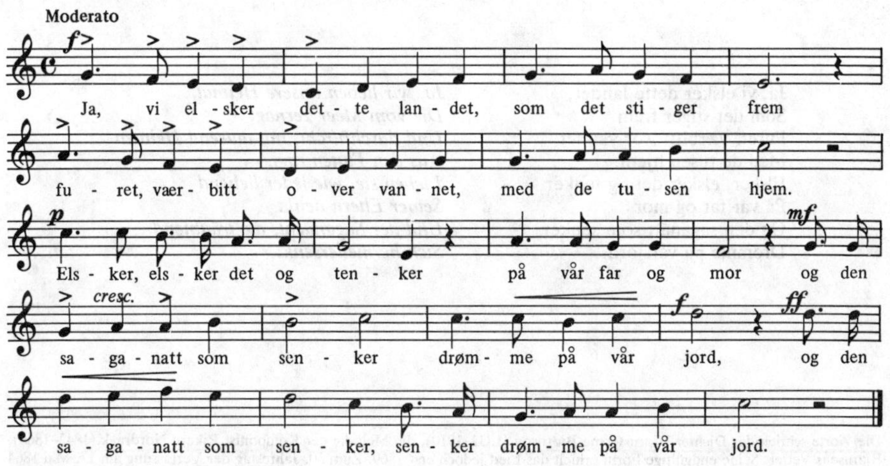

Moderato
Ja, vi el-sker det-te lan-det, som det sti-ger frem
fu - ret, vær - bitt o - ver van - net, med de tu - sen hjem.
Els - ker, els - ker det og ten - ker på vår far og mor og den
sa - ga - natt som sen - ker drøm - me på vår jord, og den
sa - ga - natt som sen - ker, sen - ker drøm - me på vår jord.

Ja, vi elsker dette landet,
Som det stiger frem
Furet, værbitt over vannet,
Med de tusen hjem.
Elsker, elsker det og tenker
På vår far og mor
Og den saganatt som senker
Drømme på vår jord.

*Ja, wir lieben unsere Heimat,*
*Die vom Meer zernagt*
*Und durchfurcht, mit tausend Heimen*
*Aus den Fluten ragt.*
*Lieben sie, wie jeder liebend*
*Seiner Eltern denkt*
*Und der Saganacht, die träumend*
*Sich herniedersenkt.*

Die Worte schrieb der Dichter Bjørnstjerne Bjørnson (1832–1910), die Melodie der Komponist Rikard Nordraak (1842–1866),
Bjørnsons Vetter. Seine endgültige Form erhielt das Lied jedoch erst 1869. Zum 50. Jahrestag der Verfassung am 17. Mai 1864
wurde es erstmals öffentlich gesungen.

# Österreich

Feierlich getragen
Land der Ber - ge, _ Land am Stro - me, Land der Ä - cker, _
Land der Do - me, Land der Häm - mer, zu - kunfts - reich!
Hei - mat bist _ du gro - ßer _ Söh - ne, Volk, be -
gna - det für das _ Schö - ne, viel - ge - rühm - tes Ö - - ster -
reich, viel - ge - rühm - tes _ Ö - - ster - reich.

Land der Berge, Land am Strome,
Land der Äcker, Land der Dome,
Land der Hämmer, zukunftsreich!
Heimat bist du großer Söhne,
Volk, begnadet für das Schöne,
Vielgerühmtes Österreich!

Heiß umfehdet, wild umstritten,
Liegst dem Erdteil du inmitten
Einem starken Herzen gleich.
Hast seit frühen Ahnentagen
Hoher Sendung Last getragen,
Vielgeprüftes Österreich!

Mutig in die neuen Zeiten,
Frei und gläubig sieh uns schreiten
Arbeitsfroh und hoffnungsreich.
Einig laß in Brüderchören,
Vaterland, dir Treue schwören,
Vielgeliebtes Österreich!

Die Bundeshymne, deren Melodie W. A. Mozarts Kleiner Freimaurer-Kantate (KV 623) von 1791 entnommen worden ist (sie gehört dort zum Schlußteil, den manche für eine Anfügung fremder Hand halten), erhielt durch Kabinettsbeschluß vom 25. Februar 1947 Gültigkeit. Den Text verfaßte die Dichterin Paula von Preradović (1887–1951). Populär war diese Mozart-Melodie schon früh im 19. Jahrhundert; man sang sie als »Bundeslied« auf den Text eines anonymen Autors (»Brüder, reicht die Hand zum Bunde«).

# Pakistan

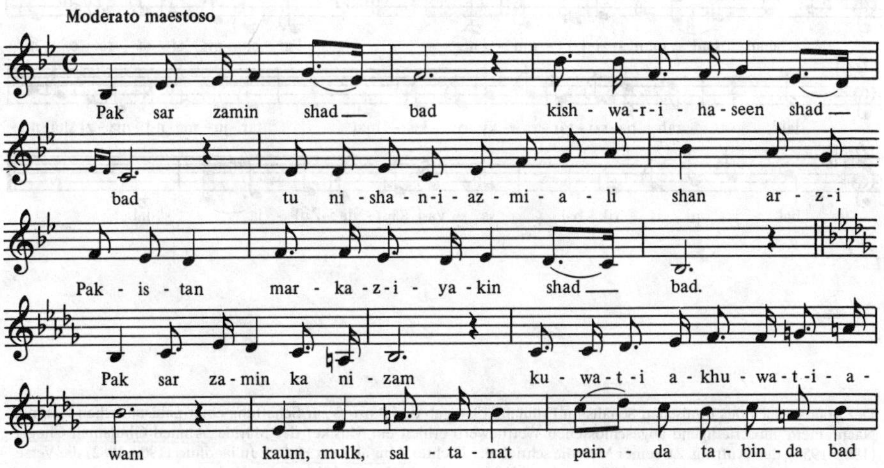

Moderato maestoso
Pak sar zamin shad bad kish - wa-r-i - ha - seen shad
bad tu ni -sha -n-i - az-mi - a - li shan ar - z-i
Pak - is - tan mar - ka -z-i - ya-kin shad bad.
Pak sar za - min ka ni - zam ku - wa-t -i a - khu - wa-t-i - a -
wam kaum, mulk, sal - ta - nat pain - da ta - bin - da bad

Der Staatsbesuch des iranischen Schahs im Frühjahr 1950 gab den Anstoß zur Schaffung einer pakistanischen Hymne. Nach einem unbefriedigend abgeschlossenen Wettbewerb erhielt ein Musiker der Marine, Ahmed Ghulamali Chagla (1902–1953), den Auftrag. Zu seiner Melodie schrieb der Dichter Abu-al-Asar Hafeez Jullandhuri (1900–1982) die Verse in Urdu, der Nationalsprache. Ein Kabinettsbeschluß bestätigte im Januar 1954 beider Werk als Landeshymne.

126

Pak sar zamin shad bad
Kishwar-i-ha-seen shad bad
Tu nishan-i-azmi-ali shan
Arz-i-Pakistan
Markaz-i-yakin shad bad.

Pak sar zamin ka nizam
Kuwat-i-akhuwat-i-awam
Kaum, mulk, saltanat
Painda tabinda bad
Shad bad manzil-i-murad.

Parcham-i-sitara o hilal
Rahbar-i-taraki o kamal
Tarjuman-i-mazi shan-i-hal
Jani istikbal
Saya-i-Khuda-i-Zuljalal

*Heil sei dem Boden so rein!*
*Heil sei dem Lande so schön!*
*Zeichen hohen Strebens, das bist du,*
*Erde von Pakistan!*
*Heil sei dem Glaubensmittelpunkt!*

*Ordnung des Landes so rein*
*Kraft ist's der Brüderlichkeit,*
*Volk, Reich und Herrschermacht,*
*Strahle beständig doch!*
*Heil sei der Wunscherfüllung Ort!*

*Flagge mit Halbmond und Stern:*
*Führer zu Fortschritt und Ruhm,*
*Dolmetsch der Vergangenheit,*
*Ruhm du des Jetzt und Herz!*
*Uns'rer Zukunft! Schatten Gottes stark!*

# Peru

♩ = 104
mf
So - mos li - bres, se - á - mo - los siem-pre, se - á -mos -lo siem - pre, y an - tes
nie - gue sus lu - ces sus lu -ces sus lu - ces el sol, que fal -
te - mos al vo - to so -lem - ne que la Pa - tria al E - ter-no e -le - vó___ que fal -
te - mos al vo - to so - lem - ne que la Pa-tria al E - ter - no e-le - vo ___ que fal -
te - mos al vo - to so-lem - ne que la Pa - tria al E - ter-no e-le - vó.___
Fine

Lar - go tiem - po el - pe - rua - no o - pri - mi - do la o - mi -
no - sa ca - de - na arras - tró; ___ con - de - na - do a u-na cruel ser - vi -
dum - bre lar - go - tiem - po lar - go tiem - po lar - go
tiem - po en si - len - cio gi - mió. ___ Mas a - pe - nas el gri - to sa -
gra - do ¡Li - ber - tad! en sus cos - tas se o - yó, la in - do -
len - cia de es-cla - vo sa - cu - de, la hu - mi - lla - da la hu - mi -

Den im September 1821, zwei Monate nach der Unabhängigkeitserklärung, ausgeschriebenen Wettbewerb für eine vaterländische Hymne gewann der Komponist José Bernardo Alcedo (1788–1878) zusammen mit dem Literaten und Juristen José de la Torre Ugarte (1786–1831). Ihr Lied wurde am 23. oder 24. September 1821 erstmals öffentlich vorgetragen und erhielt durch Erlaß vom 15. April 1822 die Bestätigung als Nationalhymne. Eine Neufassung wurde durch Gesetz 1913 anerkannt.

130

Somos libres, seámolos siempre,
Y antes niegue sus luces el sol,
Que faltemos al voto solemne
Que la Patria al Eterno elevó.

Largo tiempo el peruano oprimido
La ominosa cadena arrastró;
Condenado a una cruel servidumbre
Largo tiempo en silencio gimió.
Mas apenas el grito sagrado
¡Libertad! en sus costas se oyó,
La indolencia des esclavo sacude,
La humillada cerviz levantó.

*Wir sind frei, und immer sollen wir es sein!*
*Eher verweigert die Sonne ihr Licht*
*Als wir den heiligen Schwur,*
*Der das Vaterland zur Ewigkeit emportrug.*

*Lang schleppte der Peruaner*
*Die unseligen Ketten der Unterdrückung.*
*Lang klagte er schweigend,*
*Verdammt zu grausamer Knechtschaft.*
*Nur »Freiheit!«, der heilige Ruf,*
*War entlang den Küsten zu hören.*
*Bis er die Apathie des Sklaven abschüttelte*
*Und den gebeugten Nacken aufrecht hielt.*

# Philippinen

Anfang Juni 1898 als Festmarsch komponiert und sofort den Führern der Unabhängigkeitsbewegung bekanntgeworden, erklang die Melodie von Julian Felipe (1861–1944) schon wenige Tage später zum ersten Mal öffentlich: bei der Unabhängigkeitserklärung am 12. Juni. Am 3. September des folgenden Jahres veröffentlichte »Independencia«, die Zeitung der revolutionären Filippinos, die dazu verfaßten spanischen Verse des Dichters José Palma (1876–1903). Die Übersetzung ins Tagalog besorgte Felipe P. de Leon; mit dieser Textform wurde das Lied bei der Staatsgründung 1935 als nationale Hymne übernommen.

*(Tagalog)*

Bayang magiliw,
Perlas ng Silanganan,
Alab ng puso
Sa dibdib mo'y buhay.

Lupang hinirang,
Duyan ka ng magiting,
Sa manlulupig
Di ka pasisiil.

Sa dagat at bundok,
Sa simoy at sa langit mong bughaw,
May dilag ang tula
At awit sa paglayang minamahal.

Ang kislap ng watawat mo'y
Tagumpay na nagniningning;
Ang bituin at araw niya,
Kailan pa ma'y di magdidilim,

*(Spanisch)*

Tierra adorada,
Hija del sol de Oriente
Su fuego ardiente
En ti latiendo esta.

Tierra de amores,
Del heroismo cuna,
Los invasores
No te hollaran jamas.

En tu azul cielo, en tus auras,
En tus montes y en tu mar
Esplende y late el poema
De tu amada libertad.

Tu pabellon que en las lides
La victoria ilumino
No veranunca apagados
Sus estrellas ni su sol.

(Tagalog)

Lupa ng araw, ng luwalhati't pagsinta,
Buhay ay langit sa piling mo;
Aming ligaya, na pag ma'y mang-aapi,
Ang mamatay nang dahil sa iyo.

(Spanisch)

Tierra de dichas, de sol y amores,
En tu regazo dulce es vivit;
Es una gloria para tus hijos,
Cuando te ofenden, por ti morir.

*Geliebtes Land,*
*Tochter der Sonne des Ostens,*
*Ihr brennendes Feuer*
*Lebt in dir.*

*Land der Liebe,*
*Des Heldenmuts Wiege,*
*Kein Eroberer*
*Wird je dich betreten.*

*Dein Zelt, dein Haus,*
*Erleuchtet der Sieg,*
*Niemals wird es das Licht*
*Der Sterne, der Sonne erlöschen sehn.*

*An deinem Himmelsblau, in deinen Lüften,*
*In deinen Bergen und deinem Meer*
*Leuchtet und lebt dein Lied*
*Der Freiheit, der geliebten.*

*Land der Glückseligkeit, der Sonne und Liebe,*
*Süß ist es, in deinem Schoß zu leben,*
*Eine Ehre deinen Söhnen, für dich,*
*Sollte Gewalt dich treffen, zu sterben.*

# Polen

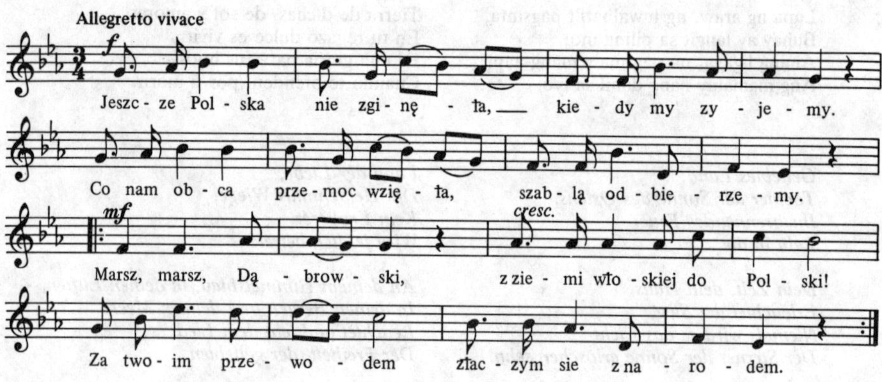

Allegretto vivace

Jeszc - ze Pol - ska nie zgi - nę - ła, ___ kie - dy my zy - je - my.

Co nam ob - ca prze - moc wzię - ła, szab - lą od - bie - rze - my.

Marsz, marsz, Dą - brow - ski, z zie - mi wło - skiej do Pol - ski!

Za two - im prze - wo - dem złac - zym sie z na - ro - dem.

Jeszcze Polska nie zginęła,
Kiedy my żyjemy.
Co nam obca przemoc wzięła,
Szablą odbierzemy.
   Marsz, marsz, Dąbrowski,
   Z ziemi włoskiej do Polski!
   Za twoim przewodem
   Złączym się z narodem.

*Noch ist Polen nicht verloren,*
*Solange wir noch leben.*
*Was das Schwert uns tückisch raubte,*
*Wird das Schwert uns wiedergeben.*
   *Marsch, marsch, Dąbrowski,*
   *Führe uns zum Streite.*
   *Unter deinen Fahnen*
   *Wir den Weg uns bahnen.*

Das einst weltbekannte Legionärslied »Noch ist Polen nicht verloren« wurde 1797 von General Józef Wybicki (1747–1822), Teilnehmer der napoleonischen Feldzüge, in Italien gedichtet. Als Komponist der volkstümlichen Melodie hat man eine Zeitlang Michal Kleofas Ogiński (1765–1833) vermutet. Staatshymne seit 1927. – Dąbrowski war Kommandeur der polnischen Truppen, die 1806 Posen einnahmen. Damals soll das Lied zum ersten Mal gesungen worden sein.

# Portugal

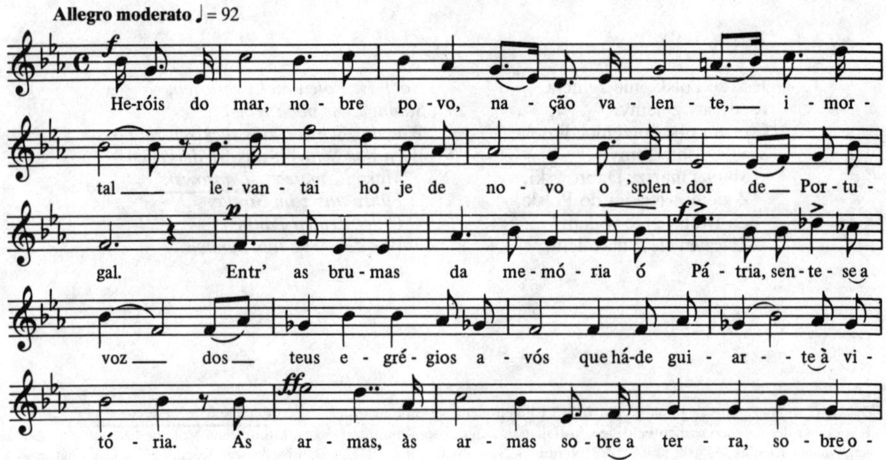

Allegro moderato ♩ = 92
He-róis do mar, no - bre po-vo, na - ção va - len - te, — i - mor -
tal — le - van - tai ho - je de no - vo o 'splen - dor de — Por - tu -
gal. Entr' as bru - mas da me - mó - ria ó Pá - tria, sen - te - se a
voz — dos — teus e - gré - gios a - vós que há-de gui - ar - - te à vi -
tó - ria. Às ar - mas, às ar - mas so - bre a ter - ra, so - bre o -

| | |
|---|---|
| Heróis do mar, nobre povo | *Helden der See, du hochgeborene,* |
| Nação valente, imortal | *Tapfre Nation, zum anderen Mal* |
| Levantai hoje de novo | *Hebt sich unsterblich der unverlorene* |
| O esplendor de Portugal. | *Strahlende Ruhm von Portugal.* |
| Entre as brumas da memória | *Durch den Dunst versunkener Zeiten,* |
| Ó Pátria, sente-se a voz | *Vaterland, hören wir die Stimmen mahnen* |
| Dos teus egrégios avós | *Deiner altehrwürdigen Ahnen,* |
| Que há-de guiar-te à vitória. | *Die dich sicher zum Sieg geleiten.* |
| Às armas, às armas | *Zur Waffe, zur Waffe* |
| Sobre a terra, sobre o mar | *Über das Land hin, über das Meer,* |
| Pela Pátria lutar | *Dem Vaterland zur Wehr* |
| Contra os canhões, marchar, marchar. | *Gegen Geschütze marschieren, marschieren.* |


Henrique Lopes de Mendonça (1856–1931) verfaßte 1891 den Text, die Musik stammt von dem Auslandsdeutschen Alfredo Keil (1850–1907). Seit 1910 ist das Lied als Nationalhymne anerkannt.

# Rumänien

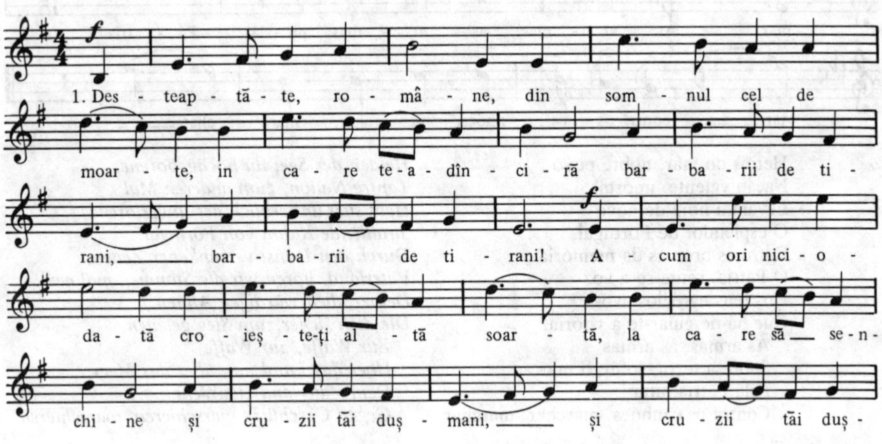

1. Des - teap - tă-te, ro - mâ - ne, din som - nul cel de
moar - te, in ca - re te-a-dîn - ci - ră bar - ba - rii de ti -
rani, bar - ba - rii de ti - rani! A - cum ori nici - o -
da - tă cro - ieş - te-ţi al - tă soar - tă, la ca - re să se - n -
chi - ne şi cru - zii tăi duş - mani, şi cru - zii tăi duş -

| | |
|---|---|
| Deşteaptă-te, române, | *Erwache, Rumäne,* |
| Din somnul cel de moarte, | *Aus deinem Totenschlaf,* |
| În care te-adînciră | *In den die barbarischen Tyrannen* |
| Barbarii de tirani! | *Dich geworfen haben!* |
| Acum ori niciodata | *Jetzt oder niemals* |
| Croieşte-ţi altă soartă, | *Schmiede dir ein anderes Schicksal,* |
| La care să se-nchine | *So daß auch deine grausamen Feinde* |
| Şi cruzii tăi duşmani! | *Die Waffen strecken müssen!* |

Acum ori niciodată
Să dăm dovezi la lume
Că-n aste mîini mai curge
Un sînge de roman
şi că-n a noastre piepturi
Păstrăm cu fală-n nume
Triumfător în lupte,
Un nume de Traian!

Priviţi, măreţe umbre,
Mihai, Ştefan, Corvine,
Româna naţiune,
Ai voştri strănepoţi,
Cu braţele armate,
Cu focul vostru-n vine,
»Viaţă-n libertate
Ori moarte!« strigăm toţi.

*Jetzt oder niemals*
*Laßt uns der Welt beweisen,*
*Daß in diesen Händen*
*Noch das Blut der Römer fließt*
*Und daß wir mit Stolz in uns bewahren*
*Den Namen eines Siegers im Kampf,*
*Den Namen Trajans!*

*Seht, erhabene Schatten,*
*Mihai, Stefan, Corvinus,*
*Wie die rumänische Nation,*
*Wie wir, eure Urenkel,*
*Mit gewaffnetem Arm,*
*Mit eurem Feuer in den Adern*
*»Leben in Freiheit*
*Oder Tod!« aus einem Munde rufen.*

Preoţi cu crucea-n frunte!  
Căci oastea e creştină,  
Deviza-i libertate  
Şi scopul ei prea sfînt,  
Murim mai bine-n luptă,  
Cu glorie deplină,  
Decît să fim sclavi iarăşi  
În vechiul nost pămînt.

*Priester mit dem Kreuz voran!*  
*Weil die Streitmacht christlich ist*  
*Und Freiheit der Wahlspruch*  
*Und heilig unser Ziel,*  
*Wollen wir lieber sterben im Kampf,*  
*Mit Ruhm bedeckt,*  
*Als daß wir nochmals Sklaven würden*  
*Auf unserm angestammten Boden.*

Komponist der Hymne war Anton Pann (1796–1854). Andrei Mureşanu (1816–1863) schrieb 1842 den Text, den Gheorghe Ucenescu (1830–1896) für die Melodie einrichtete. Staatshymne seit 1990.

# Rußland

Die Melodie des »Patriotischen Lieds«, das nach der Auflösung der Sowjetunion und der Souveränitätserklärung Rußlands (12. Juni 1990) Nationalhymne wurde, ist eine Komposition von Michail Glinka (1804–1857) aus dem Jahr 1832. Einen Text gibt es dazu nicht.

# Saudi-Arabien

Ya'īšu malikunā l-ḥabīb　　　　　*Lang lebe unser teurer König!*
Hayya 'ḫtifū　　　　　　　　　　*Auf preist ihn,*
Hayya 'ḫtifū　　　　　　　　　　*Auf preist ihn.*
Iḥtifū wa-raddidū n-našīd　　　　*Preist ihn und wiederholt das Lied:*

Arwāhunā fidāhu ḥāmī l-ḥaram　　*Unser Leben sei ihm geweiht, dem Hüter der heiligen Stätte!*
'Aša l-malik　　　　　　　　　　*Es lebe der König und*
Rāyata l-waṭan　　　　　　　　　*Die Fahne der Heimat,*
Ya'īšu ya'īšu ya'īšu l-malik　　　*Es lebe, es lebe, es lebe der König!*

Musik von Abdul Rahman al-Khateeb (* 1923), Text von Muhammad Talaat. Nationalhymne seit 1950.

# Schweden

Maestoso
mf
Du gam - la du fri - a du fjäll - hö - ga Nord, du
mp
tys - ta du gläd - je - ri - ka skö - na. Jag
häl - sar dig, vä - nas - te land upp - på jord, din
mf
f
sol din him - mel di - na äng - der grö - na, din
sol din him - mel di - na äng - der grö - na.

Du gamla du fria du fjällhöga Nord,
Du tysta du glädjerika sköna.
Jag hälsar dig, vänaste land uppå jord,
Din sol din himmel dina ängder gröna.

*Du alter, du freier, gebirgiger Nord,*
*So friedlich und fröhlich zu schauen:*
*Dich grüß ich, der Erde geliebtesten Ort,*
*Dein Licht, deinen Himmel, die grünen Auen.*

Den Text des Liedes, das 1844 zum ersten Mal gesungen wurde, schrieb Richard Dybeck (1811–1877). Die Melodie ist als Volkslied bekannt; Edvin Kallstenius (1881–1967) ist der Autor der heute üblichen Fassung. Seit den achtziger Jahren des 19. Jahrhunderts wird sie als Nationalhymne verwendet.

# Schweiz

Solenne
mf sostenuto

Trittst im Mor - gen - rot da - her,___ seh', ich dich im
Sur nos monts, quand le so - leil___ an - nonce un bril -
Quan do bion - da au - ro - - ra___ il mat - tin c'in
In l'au - ro - ra la da - man___ at cu - gnuo - scha

Strah - len - meer, ___ dich, du Hoch - er - ha - be - ner,
lant ré - veil, ___ et pré - dit d'un plus beau jour
do - - ra, ___ l'al - ma mia t'a - do - - ra,
bain l'u - man, ___ spiert e - tern do - mi - na - tur,

mf espressivo

Herr - li - cher! ___ Wenn der Al - pen
le re - tour, ___ les beau - tés de
re del - ciel. ___ Quan - do l'al - pe
tuot pus - sant! ___ Cur ils munts stra -

Firn sich rö - tet,
la pa - tri - e
già ros - seg - gia
glü - schan su - ra,

cresc.
be - tet, frei - e Schwei - zer, be - tet!
Par - lent á l'âme at - ten - dri - e;
a pre - ga - re al - lor t'at - teg - gia,
u - ra, li - ber Sviz - zer, u - ra.

poco più mosso
Eu - re from - me See - le ahnt, eu - re from - me
au ciel mon - tent plus joy - eux, au ciel mon - tent
in fa - vor del pa - trio suol, in fa - vor del
Ti - a or - ma sain - ta ferm, ti - a or - ma

cresc. poco a

Der »Schweizerpsalm«, auf eine ursprünglich geistliche Melodie des Zisterziensermönchs Alberich Zwyssig (1808–1854) gedichtet von dem Lithographen und Verleger Leonhard Widmer (1808–1868), wurde 1843 erstmals öffentlich gesungen. Offiziell ist er erst seit 1961 Nationalhymne (1965, 1975 und 1981 vom Bundesrat bestätigt). Andere, durch »Gewohnheitsrecht« in den Kantonen eingebürgerte Hymnen wie »O mein Heimatland« (Text von Gottfried Keller, Melodie von Wilhelm Baumgartner) und »Rufst du, mein Vaterland« (nach der Melodie des »God save the King«), auch ein 1973 von Paul Burkhard (Melodie) und Herbert Meier (Text) neugeschaffenes »Schweizerlied« erhielten diese Anerkennung nie.

*(Deutsch)*

Trittst im Morgenrot daher,
Seh' ich dich im Strahlenmeer,
Dich, du Hocherhabener, Herrlicher!
Wenn der Alpen Firn sich rötet,
Betet, freie Schweizer, betet,
Eure fromme Seele ahnt
Gott im hehren Vaterland!
Gott, den Herrn, im hehren Vaterland!

*(Französisch)*

Sur nos monts, quand le soleil
Annonce un brillant réveil,
Et prédit d'un plus beau jour le retour,
Les beautés de la patrie
Parlent à l'âme attendrie;
Au ciel montent plus joyeux
Les accents d'un cœur pieux,
Les accents émus d'un cœur pieux.

*(Italienisch)*

Quando bionda aurora
Il mattin c'indora,
L'alma mia t'adora
Re del Ciel.
Quando l'alpe già rosseggia
A pregare allor t'atteggia,
In favor del patrio suol,
Cittadino Iddio lo vuol,
Cittadino Dio, si Dio lo vuol.

*(Ladinisch)*

In l'aurora la daman
At cugnuoscha bain l'uman,
Spiert etern dominatur,
Tuot pussant!
Cur ils munts straglüschan sura,
Ura, liber Svizzer, ura.
Tia orma sainta ferm
Dieu in tschêl, il bap etern.
Dieu in tschêl, il bap, il bap etern.

153

# Senegal

Alla marcia
Pin - cez tous vos ko - ras, frap - pez les ba - la - fons, le
lion rouge a ru - gi. Le domp - teur de la brousse d'un
bond s'est é - lan - cé dis - si - pant les tén - è - bres. So -
leil sur nos ter - reurs, so - leil sur nos es - poirs.
De - bout, frè - res, voi - ci l'A - fri - que ras - sem - blé - e.

Text von dem Dichter und ehemaligen senegalesischen Ministerpräsidenten Léopold Sédar Senghor (* 1906), Musik von Herbert Pepper (* 1912). Hymne seit 1960, dem Gründungsjahr der unabhängigen Republik Senegal. – Die Kora ist eine Lautenharfe, das Balafon ein Xylophon mit Resonatoren.

Pincez tous vos koras,
Frappez les balafons,
Le lion rouge a rugi.
Le dompteur de la brousse d'un bond s'est élancé
Dissipant les ténèbres.
Soleil sur nos terreurs,
Soleil sur nos espoirs.
Debout, Frères, voici l'Afrique rassemblée.


Fibres de mon cœur vert,
Epaule contre épaule,
Mes plus que frères, o Sénégalais, debout!
Unissons la mer et les sources,
Unissons la steppe et la forêt.
Salut, Afrique mère.


Sénégal, nous faisons nôtre ton grand dessein:
Rassembler les poussins à l'abri des milans

*Zupft alle die Saiten eurer Koras,*
*Schlagt die Balafons,*
*Der rote Löwe hat gebrüllt.*
*Der Herr des Busches ist mit einem Satz*
　　　　　　*hervorgebrochen*
*Und hat die Dunkelheit vertrieben.*
*Sonne über unseren Schrecken,*
*Sonne über unserer Hoffnung.*
*Erhebt euch, Brüder, Afrika hat sich*
　　　　　　*versammelt.*


*Fasern meines grünen Herzens,*
*Schulter an Schulter,*
*O Senegalesen, die ihr mehr seid als meine*
　　　　　　*Brüder, erhebt euch!*
*Vereinigen wir Meer und Quellen,*
*Vereinigen wir Steppe und Wald.*
*Heil, Mutter Afrika!*


*Senegal, wir machen uns Deinen großen*
　　　　　　*Entwurf für die Zukunft zu eigen:*
*Die Küken um uns zu scharen, geschützt vor*
　　　　　　*Milanen,*

Pour en faire, de l'Est à l'Ouest, du Nord au Sud,
Dressé, un même peuple, un peuple sans couture
Mais un peuple tourné vers tous les vents du monde.


Sénégal, comme toi, comme tous nos héros,
Nous serons durs sans haine et des deux bras ouverts.
L'epée, nous la metrons dans la paix du fourreau,
Car le travail sera notre arme et la parole.
Le Bantou est un frère, et l'Arabe et le Blanc.


Mais que si l'ennemi incendie nos frontières
Nous serons tous dressés et les armes au poing:
Un peuple dans sa foi défiant tous les malheurs,
Les jeunes et les vieux, les hommes et les femmes.
La Mort, oui! Nous disons la Mort, mais pas la honte.

Um sie, von Ost bis West, von Nord bis Süd,
Zu einem einzigen Volk zu formen, zu einem
              Volk von fugenloser Einheit,
Zu einem Volk, das sich auch nach allen
              Himmelsrichtungen hin öffnet.


Senegal, wie Du, wie alle unsere Helden
Werden wir hart sein, doch ohne Haß und
              offen mit ausgebreiteten Armen.
Wir werden das Schwert friedlich in der
              Scheide tragen,
Denn unsere Waffe wird die Arbeit sein, und
              das Wort.
Der Bantu ist uns ein Bruder, auch der
              Araber und der Weiße.


Wenn der Feind aber Feuer legt an unseren
              Grenzen,
Erheben wir uns mit der Waffe in der Faust:
Ein Volk, das im Glauben an seine gute Sache
              allen Leiden trotzt,
Jung und alt, Mann und Frau.
Den Tod – ja, doch nicht die Schande.

# Slowakei

**Allegretto energico**

Nad Tatrou sa blýska, hromy divo bijú!  
Zastavme ich bratia  
Ved' sa ony stratia,  
Slováci ožijú.

To Slovensko naše posial' tvrdo spalo.  
Ale blesky hromu,  
Vzbudzujú ho k tomu,  
Aby sa prebralo.

*Über der Tatra blitzt es, wild krachen die Donnerschläge!*  
*Laßt uns ihnen Einhalt gebieten, Brüder,*  
*Dann werden sie vergehen*  
*Und die Slowaken sich zu neuem Leben erheben.*

*Unsere Slowakei hat im Schlaf gelegen,*  
*Doch die Donnerblitze*  
*Rütteln uns auf,*  
*Daß wir erwachen.*

Nationalhymne seit Bestehen der Slowakischen Republik (1. Januar 1993). Die Melodie ist ein Volkslied, den Text dazu schrieb Janko Matúška (1821–1877). 1919–1992, von der Staatsgründung der Tschechoslowakei bis zur Auflösung des Doppelstaats, bildete diese Hymne den zweiten Teil der tschechoslowakischen Nationalhymne.

# Somalia

Die Melodie hat der italienische Komponist Giuseppe Blanc (1886–1969) im Jahr der Gründung der Demokratischen Republik Somalia, 1960, geschaffen. Einen gesungenen Text gibt es dazu nicht.

# Spanien

| | |
|---|---|
| ¡Viva España! | *Es lebe Spanien!* |
| Alzad los frentes, hijos | *Erhebt die Häupter, Söhne* |
| Del pueblo español | *Der spanischen Nation,* |
| Que quiere resurgir. | *Die neu erstehen will!* |

1770 wurde die Melodie – angeblich von einem deutschen Komponisten und ein Geschenk Friedrichs des Großen an den spanischen König Karl III. – zur »Marcha Real«, zum »Königsmarsch«, erhoben. Offiziell ist sie seit 1837 Nationalhymne. Während der 2. Republik (1931–1939) allerdings war das der im 19. Jahrhundert populäre »Himno de riego«. Es gibt mehrere Texte, doch ist keiner amtlich bekannt; der hier wiedergegebene ist verhältnismäßig oft zu hören, er stammt von José Maria Pemán y Pemartín (1897–1981).

# Sri Lanka

Tempo di Marcia
Sri Lan - ka ma - thā, a - pa Sri _______ Lan - ka, na - mō na -
mō na - mō na - mō mā - thā. Sun - da - ra si - ri ba - ri -
ni, su - rän - di a - thi so - ba - mā - na Lan - ka ______
dhan - ya dhan - a - ya ne - ka mal pa - la thu - ru pi - ri,
ja - ya bhoom - i - ya ram - yā. A - pa ha - ta sä - pa si - ri

se - tha sad - a - nā, jee - va - na - yē ma - - thā! _____
Pi - li - ga - nu ma - na a - pa bhak - ti poo - ja, na - mō na - mō mā -
thā. A - pa Sri _____ Lan - ka, na - mō na -
mō na - mō na - mō mā - thā, a - pa Sri Lan -
ka, na - mō na - mō na - mō na - mō mā - thā. _____

Sri Lanka mathā, apa Sri Lanka, namō namō namō māthā.
Sundara siri barini, surändi athi sobamāna Lanka
Dhanya dhanaya neka mal pala thuru piri,
Jaya bhoomiya ramya.
Apa hata säpa siri setha sadana,
Jeevanayē mathā!
Piliganu mana apa bhakti pooja,
Namō namō māthā.
Apa Sri Lanka, namō namō namō namō māthā.

*Sri Lanka, Mutter, Dich verehren wir!*
*Gedeihe und blühe im Glück,*
*Du Schöne, voll Gnade und Liebe,*
*Reich an Korn und köstlichen Früchten,*
*An duftenden, leuchtenden Blumen.*
*Du spendest uns Leben und all unser Wohl,*
*Frohes und siegreiches Land,*
*Voll Dankbarkeit preisen wir Dich.*
*Sri Lanka, Dich verehren wir!*

Text und Musik sind von Ananda Samarakoon (1911–1962). Seit 1952 Nationalhymne und mit geringen Änderungen übernommen, als Ceylon im Mai 1973 die Republik Sri Lanka wurde.

# Südafrika Die Stem / The Call of South Africa

166

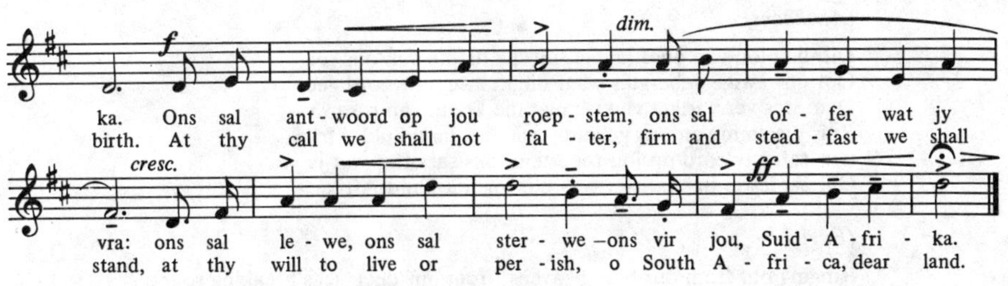


Cornelis Jacob Langenhoven (1873–1932) schrieb 1918 das Gedicht »Die Stem van Suid-Afrika«, das Marthinus Lourens de Villiers (1885–1977) 1921 vertonte. Am 31. Mai 1928 erstmals offiziell gesungen, wurde »Die Stem« populär neben der seit 1910 für das britische Dominion gültigen Nationalhymne »God save the King«. Am 2. Mai 1957 wurde sie als einzige Hymne offiziell, zugleich in ihrer englischen Fassung »The Call of South Africa«. Seit 20. April 1994 bildet »Die Stem« zusammen mit »Nkosi sikelel' iAfrika« die Nationalhymne Südafrikas. Komponist und Verfasser der 1. Textstrophe des Kirchenlieds »Nkosi sikelel' iAfrika« war um 1897 der Missionsschullehrer Enoch Mankayi Sontonga (1860–1904). 7 weitere, 1927 veröffentlichte Strophen schrieb der Dichter Samuel E. Mqhayi (1875–1945). Die südafrikanische Freiheitsbewegung ANC hatte das Lied schon 1925 zu ihrer Hymne gemacht. Noch gibt es keine Standardform der Melodie und des im originalen Xhosa (2 Versionen), in Sesotho, Zulu, Afrikaans und Englisch verbreiteten Hymnentextes.

*(Afrikaans)*

Uit die blou van onse hemel, uit die diepte van ons see,
Oor ons ewige gebergtes waar die kranse antwoord gee,
Deur ons ver verlate vlaktes met die kreun van ossewa –
Ruis die stem van ons geliefde, van ons land Suid-Afrika.
Ons sal antwoord op jou roepstem, ons sal offer wat jy vra:
Ons sal lewe, ons sal sterwe – ons vir jou, Suid-Afrika.

*(Englisch)*

Ringing out from our blue heavens, from our deep seas breaking round;
Over everlasting mountains where the echoing crags resound;
From our plains where creaking waggons cur their trails into the earth –
Calls the spirit of our country, of the land that gave us birth.
At thy call we shall not falter, firm and steadfast we shall stand,
At thy will to live or perish, o South Africa, dear land.

*Aus der Bläue unsres Himmels, aus der Tiefe unsrer See,*
*Aus der Ewigkeit der Berge, wo Antwort tönt aus höchster Höh',*
*Aus der weit verlass'nen Ebne, wo der Ochsenwagen stöhnt,*
*Die Stimme des geliebten Südafrika ertönt.*
*Wir folgen deinem Rufe, zum Opfern sind wir da,*
*Wir werden leben, werden sterben, stets für dich, Südafrika.*

Südafrika  Nkosi sikelel' iAfrika
Moderato
Seën ons, He - re God, seën A - fri - ka. Laat sy mag tot in die
N - kosi, si - ke - lel' i - A - fri - ka. Ma - lu - pa - kam' up - on -
he - mel - reik. Hoor ons as ons in ge - be - de vra.
do lwa - yo. Yi - va i - mi - tan - da - zo ye - tu.
Seën ons in A - fri - ka, kin - ders van A - fri - ka.
U - si - si - ke - le - le, U - si - si - ke - le - le.
Daal neer, o Gees, Hei - li - ge Gees. Daal neer, o Gees,
Yi - hla Mo - ya, yi - hla Mo - ya, yi - hla Mo - ya,

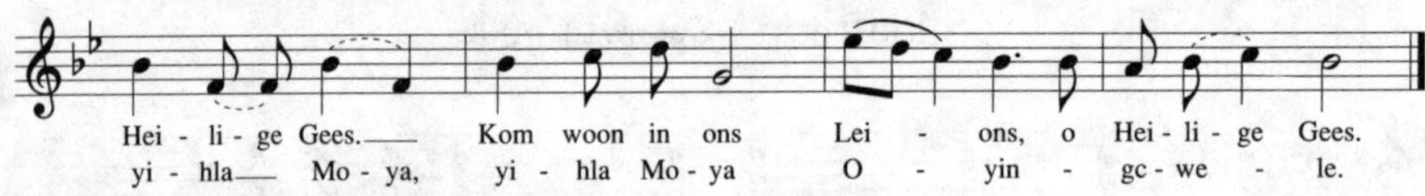


(*Xhosa*)

Nkosi, sikelel' iAfrika.
Malupakam' upondo lwayo.
Yiva imitandazo yetu.
Usisikelele.
Yihla Moya, yihla Moya,
Yihla Moya Oyingcwele.

(*Englisch*)

Lord, bless Africa.
May her horn rise high up.
Hear Thou our prayers
And bless us.
Descend, o Spirit,
Descend, o Holy Spirit.

(*Afrikaans*)

Seën ons, Here God, seën Afrika.
Laat sy mag tot in die hemelreik.
Hoor ons as ons in gebede vra.
Seën ons in Afrika, kinders van Afrika.
Daal neer, o Gees, Heilige Gees.
Kom woon in ons Leions, o Heilige Gees.

*Herr, segne Afrika.*
*Erhebe sein Tun und Denken.*
*Erhöre unsere Gebete*
*Und segne uns.*
*Komm herab, o Geist,*
*Komm herab, o Heiliger Geist.*

# Sudan

Moderato
Nah - nu ___ ǧun - du ___ l - lāh ǧun - du l - wa - ṭan
in ___ da - ‘ā dā - ‘ī l - fi - dā’ lam na - ḥun
na - ta - ḥad - dau l - mauta ‘in - da l - mi - ḥan
naš - ta - rī l - maǧ - da bil - aǧ - la ṭa - man
hā - di - hi l - arḍu la - nā fal - ya - ‘iš Su - dā - nu - nā

| | |
|---|---|
| Naḥnu ǧundu l-lāh ǧundu l-waṭan | *Wir sind das Heer Gottes, das Heer der Heimat.* |
| In daʻā dāʻī l-fidāʼ lam naḫun | *Wenn uns der Herold zum Opfer ruft, entziehen wir uns nicht.* |
| Nataḥaddau l-mauta ʻinda l-miḥan | *Wir bieten dem Tod die Stirn inmitten von Gefahren.* |
| Naštarī l-maǧda bil-aġlā_taman | *Wir erwerben Ruhm für den teuersten Preis.* |
| Hāḏihi l-arḍu lanā fal-yaʻiš Sūdānunā | *Dies Land ist unser, es lebe unser Sudan!* |
| ʻAlamun baina l-umam | *Ein Fanal für die Völker.* |
| Yā banī Sūdān hāda ramzukum | *Auf, Söhne Sudans, dies ist euer Zeichen:* |
| Yaḥmilū l-'ib' wa-yaḥmī arḍakum | *Nehmt die Bürde auf euch und schützet euer Land.* |

Text von Ahmad Muhammad Salih (1896–1971), Musik von Ahmad Murjan (1905–1974), 1956.

172

# Syrien

Allegro moderato
Ḥu - māt ad - di - yā - ri - 'a - lai - kum sal - ām
a - bat an tu - dal - la n-nu - fū - su l-ki - rām
'a - rī - nu l-'u-rū - ba - ti bai - tun ḥa - rām
wa - 'ar - šu š-šu - mū - si ḥi - man lā yu - ḍām
ru - bū - 'u š-Šā - mi bu - rū - ǧu l-'a - lā'i

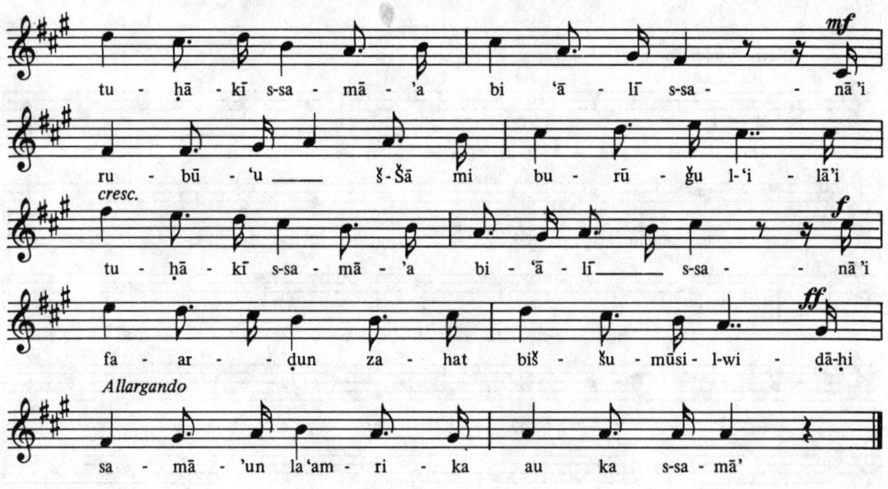

tu - ḥā - kī s-sa - mā - 'a bi 'ā - lī s-sa - nā 'i
ru - bū - 'u š-Šā mi bu - rū - ǧu l-'i - lā 'i
cresc.
tu - ḥā - kī s-sa - mā - 'a bi - 'ā - lī s-sa - nā 'i
fa - ar - ḍun za - hat biš - šu - mūsi - l-wi - ḍā-hi
Allargando
sa - mā - 'un la 'am - ri - ka au ka s-sa - mā'

Ḥumāt ad-diyāri ‘alaikum salām  
Abat an tuḏalla n-nufūsu l-kirām  
‘Arīnu l-‘urūbati baitun ḥarām  
Wa-‘aršu š-šumūsi ḥiman lā yuḍām  
Rubū‘u š-Šāmi burūǧu l-‘alā’i  
Tuḥākī s-samā’a bi-‘ālī s-sanā’i  
Fa-arḍun zahat biš-šumūsi l-wiḍāḥi  
Samā’un la‘amrika au ka s-samā’

*Beschützer der Heimat, seid gegrüßt.*  
*Die edlen Seelen lassen sich nicht demütigen.*  
*Zuflucht des Arabertums, geheiligter Bezirk,*  
*Thron der Sonnen, unzerstörbarer Hort.*  
*Die Gefilde Syriens sind Türme der Höhen,*  
*Sie ähneln dem Himmel im höchsten Glanz.*  
*Ein Land, das erglänzt mit strahlenden Sonnen,*  
*Ein Himmel ist’s, oder doch wahrlich wie der Himmel!*

Musik von Ahmad Salim Flayfel (* 1906) und Mohammad Salim Flayfel (1899–1986), Text von Khalil Mardam Bey (1895 bis 1959). Nationalhymne seit etwa 1928.

# Thailand  Nationalhymne

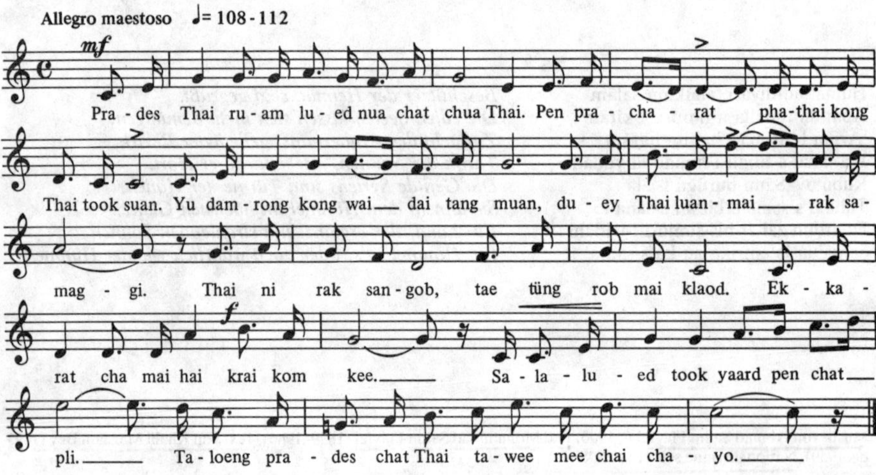

Prades-Thai ruam-lued-nua chat-chua-Thai.
Pen-pracharat phathai kong-Thai-took-suan.
Yu-damrong kong-wai dai-tang-muan,
Duey-Thai-luanmai rak-samaggi.
Thai-ni-rak-sangob, tae-tüng-rob-mai-klaod.
Ekkarat cha-mai-hai-krai-kom-kee.
Sala-lued-took-yaad pen-chat-pli.
Taloeng-prades-chat-Thai tawee-mee-chai chayo.

*Thailand ist die Verkörperung allen Blutes und*
*Fleisches der thailändischen Rasse. Thailand den*
*Thailändern.*
*So bleibt es, denn alle Thailänder sind in Einigkeit*
*miteinander verbunden.*
*Wir Thailänder sind ein friedliebendes Volk,*
*Aber wenn wir kämpfen müssen, kennen wir keine*
*Furcht.*
*Wir werden niemals die Unterdrückung unserer*
*Unabhängigkeit zulassen,*
*Jeden Blutstropfen für unser Land opfern*
*Und den Wohlstand Thailands mehren.*

Nach dem Übergang von der absoluten zur konstitutionellen Monarchie 1932 galt noch die siamesische Königshymne von 1871 (vgl. S. 175) als Nationallied, bis 1939, im Jahr des Namenswechsels von Siam zu Thailand, bei einem Wettbewerb die neue Hymne gefunden wurde. Ihre Melodie verfaßte der Oberst Luang Saranuprapan (Nual Prachinphayak; 1896–1954), das musikalische Arrangement dazu Phra Chen-Duriyang (Piti Vadayakorn; 1883–1968); der Text stammt von Khun Vichit Madrah.

# Thailand  Königshymne

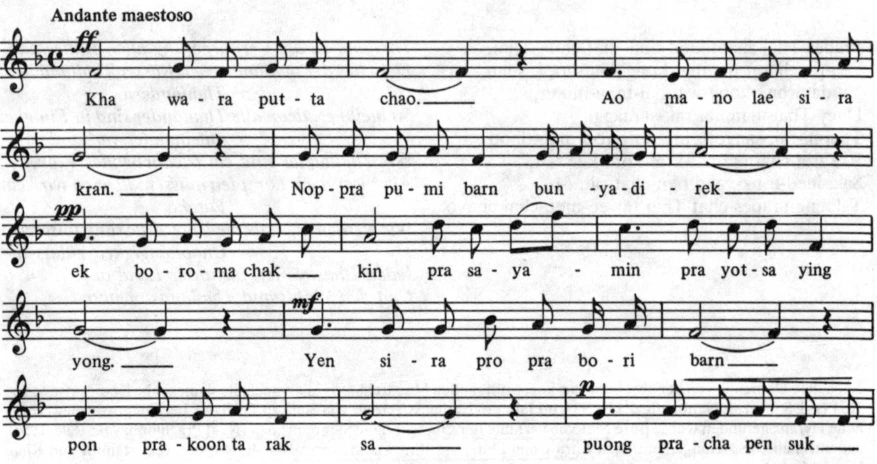

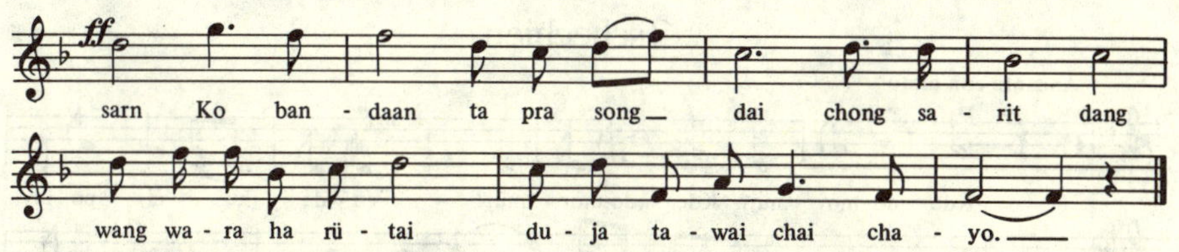


| | |
|---|---|
| Kha wara putta chao. | *Heil unserem König!* |
| Ao mano lae sira kran. | *Gesegnet sei unser König!* |
| Noppra pumi barn bunyadirek | *Herz und Haupt neigen wir nun* |
| Ek boroma chak krin | *Vor Eurer Majestät,* |
| Pra sayamin pra yotsa ying yong. | *Von unsrer Ergebenheit singen wir.* |
| Yen sira pro pra bori barn | *Glücklich leben wir* |
| Pon prakoon ta rak sa | *In Eurer Obhut,* |
| Puong pracha pen suk sarn | *Großer Beschützer, Heil unserem König!* |
| Ko bandaan ta pra song dai | *Mögen die Jahre in allem Erfüllung bringen.* |
| Chong sarit dang wang wara ha rütai | *Gesegnet sei unser König!* |
| Duja tawai chai chayo. | |

Diese Hymne ist 1871 anläßlich einer Reise des siamesischen Königs Chulalongkorn nach Singapur von Pjotr Schurovsky (1850–1908) komponiert worden. Den Text des Prinzen Narisasa Nuvativongs (»Sanrasoen Phra Barami«; 1863–1947) hat König Rama VI. (Vajiravudh) 1913 revidiert.

# Tschechien

Andante con moto
Kde do-mov můj? Kde do-mov můj? Vo-da hu-čí po lu-
či-nách, bo-ry šu-mí po ska-li-nách, v sa-dě
skví se ja-ra květ, zem-sky ráj to na po-
hled! A to je ta krá-sná ze-mě, ze-mě
če-ská do-mov můj, ze-mě če-ská do-mov můj!

Kde domov můj? Kde domov můj?
Voda hučí po lučinách,
Bory šumí po skalinách,
V sadě skví se jara květ,
Zemsky ráj to na pohled!
A to je ta krásná země,
Země česká domov můj!

*Wo ist mein Heim, mein Vaterland?*
*Wo durch Wiesen Bäche brausen,*
*Wo auf Felsen Wälder sausen,*
*Wo ein Eden uns entzückt,*
*Wenn der Lenz die Fluren schmückt.*
*Dieses Land, so schön vor allen,*
*Böhmen ist mein Heimatland.*

Nationalhymne seit Bestehen der Tschechischen Republik (1. Januar 1993). Das Lied war seit der Gründung der Tschechoslo-
wakei 1918 und bis 1992 Teil der Nationalhymne (den anderen Teil bildete die heutige slowakische Hymne). Es stammt aus der
1834 uraufgeführten Oper »Fidlovačka«, die František Škroup (1801–1862) auf ein Libretto von Josef Kajetán Tyl (1808–1856)
komponierte.

# Tunesien

Ḥumāt al-ḥimā yā ḥumāt al-ḥimā
Halummū halummū li-maǧdi z-zaman
Laqad ṣaraḥat fī 'urūqinā d-damā'
Namūtu namūtu wa-yaḥyā l-waṭan
Li-tadwī s-samāwātu bi-ra'dihā
Li-tarmi ṣ-ṣawā'iqu nīrānahā
Ilā 'izzi Tūnisa ilā maǧdihā
Riǧāla l-bilād wa-šubbānahā
Falā 'āša fī Tūnisa man ḫānahā
Walā 'āša man laisa min ǧundihā
Namūtu wa-naḥyā 'alā 'ahdihā
Ḥayāta l-kirāmi wa-mauta l-'izāmi


Bilādī 'ḥkumī wa'slikī wa's'adī
Falā 'āša man lam ya'iš sayyidā
Bi-ḥarri damī wa-bimā fī yadī
Anā li-bilādī wa-ša'bī fidā

*Hüter der Nation, Hüter der Nation!*
*Voran, voran für den Ruhm der Zeit!*
*Längst hat das Blut in unseren Adern gebrüllt:*
*Wir wollen sterben, sterben, damit das Vaterland lebe!*
*Die Himmel sollen widerhallen von Donnergetöse.*
*Die Blitze ihre Feuer werfen.*
*Zur Größe Tunesiens und seinem Ruhm,*
*Auf Männer Tunesiens, o junges Volk!*
*In Tunesien lebt kein Verräter.*
*Alle gehören zu seiner ruhmreichen Armee.*
*Wir wollen sterben und leben nach vaterländischem*
*Gelübde:*
*Ein Leben der Edlen, einen Tod der Erhabenen.*


*Herrsche mein Land, schreite voran und werde*
*glücklich!*
*Es lebt niemand unter uns, der nicht frei ist.*
*Bei meinem edlen Blut und allem, was ich in Händen*
*halte:*
*Ich biete mich als Opfer an für mein Land und mein*
*Volk!*

Laki l-maǧdu yā Tūnisa fa'stamǧidī    Dir gebührt Ruhm, o Tunesien, deshalb erwirb
Bi-'izzati ša'biki ṭūla l-madā                    Deinen Ruhm!
Wa-naḥnu usūdu l-waġyi fa'šhadī    Durch die Größe Deines Volkes für immer und ewig.
Wuṯūba usūdiki yauma ṣ-ṣidāmi    Wir sind die Löwen des Schlachtgetümmels, und Du
                                                                                  sollst sehen,
                                                                       Wie Deine Löwen springen am Tag des Streites!


Wariṯnā s-sawā'id baina l-umam    Wir ererbten die starken Arme unter den Nationen,
Ṣuḫūran ṣuḫūran kuhaḏā l-binā    Als Felsen wie die Felsen dieses Baus.
Sawā'ida yahtizzu fauqahā l-'alam    Es sind unsere starken Arme, die die Fahne tragen.
Nubāhī bihi wa-yubāhī binā    Wir sind stolz auf sie und sie ist stolz auf uns.
Wa-fīhā kafā lil-'ulā wal-himam    Unsere Arme haben Kraft genug, den Ruhm zu ergreifen
Wa-fīhā ḍimān li-naili l-manā    Und geben die Gewähr, zum Ziel zu gelangen.
Wa-fīhā li-'adā'i Tūnisa niqam    An den Feinden Tunesiens werden sie Rache üben,
Wa-fīhā liman sālamūnā s-salām    Unseren friedvollen Freunden aber Frieden bringen.


Iḏā š-ša'bu yauman arāda l-ḥayāt    Wenn die Menschen den Willen zum Leben haben,
Falā budda an yastaǧība l-qadar    Muß auch das Schicksal ihnen dienen.
Walā budda liẓ-ẓulm an yanǧalī    Dann wird die Tyrannei vertrieben,
Walā budda lil-qaid an yankasir    Und alle Ketten werden zerbersten.


Den Text der seit 1987 gültigen »Houmat al-hima« verfaßten Mustafa Sadik Al-Rafii (1880–1937) und – die letzte Strophe – Aboul Kacem Chabbi (1909–1934), die Melodie Mohamed Abdel Wahab (1915–1991).

# Türkei

Tempo di Marcia
Kork - ma sön -mez bu şa - fak - -lar - da yü - zen___ al san -
cak___ sön - me-den yur - du - munüs - tün - de tü-ten en son o - cak. O
be - nim_ mil - le - ti - min___ Yıl - dı - zı - dır par - la - ya-cak. O be -
nim - dir,___ o be - nim mil - le - ti -min-dir an - cak.___ 2. Çat - lâl.___
1.
2.

Korkma sönmez bu şafaklarda yüzen al sancak  
Sönmeden yurdumun üstünde tüten en son ocak.  
O benim milletimin Yıldızıdır parlayacak.  
O benimdir, o benim milletimindir ancak.


Çatma kurban olayım çehreni ey nazlı hilâl  
Kahraman ırkıma bir gül ne bu şiddet bu celâl  
Sana olmaz dökülen kanlarımız sonra helâl  
Hakkıdır hakka tapan milletimin istiklâl.

*Getrost, der Morgenstern brach an,*  
*Im neuen Licht weht unsre Fahn'.*  
*Ja, du sollst wehen,*  
*Solang ein letztes Heim noch steht,*  
*Ein Herd raucht in unserem Vaterland.*  
*Du unser Stern, du ewig strahlender Glanz,*  
*Du bist unser, dein sind unsre Herzen ganz.*

*Nicht wend' dein Antlitz von uns,*  
*O Halbmond, ewig sieggewohnt.*  
*Scheine uns freundlich*  
*Und schenke Frieden uns und Glück,*  
*Dem Heldenvolk, das dir sein Blut geweiht.*  
*Wahre die Freiheit uns, für die wir glühn,*  
*Höchstes Gut dem Volk, das sich einst selbst befreit.*

Mehmet Akif Ersoy (1873–1936) erhielt in einem Wettbewerb den Preis für dieses Freiheitslied, das am 12. März 1921 zur türkischen Nationalhymne erhoben wurde. Die Melodie schrieb Osman Zeki Üngör (1880–1958).

# Ukraine

Maestoso
Schtsche ne wmer - la U - kra - ji - na, i sla - wa, i wo - lja,
schtsche nam, brat - tja mo - lo - di - ji, u - smich - net - sja do - lja. Sgy - nut na - schi
wo - ro - schen - ky, jak ro - ssa na son - zi, sa - pa - nu - jem i my, brat - tja,
u swo - ji sto - ron - zi. Du - schu, ti - lo my po - lo - schym sa na - schu swo-
cresc.
Allargando
a tempo

<table>
<tr><td>

Schtsche ne wmerla Ukrajina, i slawa, i
      wolja,
Schtsche nam, brattja molodiji, usmichnetsja
      dolja.
Sgynut naschi woroschenky, jak rossa na
      sonzi,
Sapanujemi my, brattja, u swoji storonzi.
Duschu, tilo my poloschym sa naschu
      swobodu,
I pokaschem, schtscho my, brattja,
      kosazkowo rodu.

</td><td>

*Noch ist die Ukraine nicht gestorben, noch nicht*
      *Ruhm und Freiheit,*
*Noch wird uns, junge Brüder, das Schicksal*
      *gewogen sein.*
*Unsere Feinde werden vergehen wie Tau im*
      *Sonnenschein,*
*Und wir werden in unserem Lande, Brüder,*
      *selber die Herren sein.*
*Seele und Leib setzen wir für unsere Freiheit ein*
*Und zeigen, Brüder: Wir sind vom Kosaken-*
      *stamm.*

</td></tr>
</table>

Stanem, brattja, w bij krywawyi wid Sjanu
do Donu,
W ridnim kraju panuwaty ne damo nikomu;
Tschornje morje schtsche wsmichnetsja, did
Dnipro sradije,
Schtsche u naschij Ukrajini dolenka naspije.
Duschu, . . .

A sawsjattja, prazja schtschyra swogo
schtsche dokasche,
Schtsche sja woli w Ukrajini pisn gutschna
rosljasche,
Sa Karpaty widobjetsja, sgomonyt stepamy,
Ukrajiny slawa stanje pomich worogamy.
Duschu, . . .

*Auf, Brüder, zum blutigen Kampf vom Sjan bis
zum Don,*
*In unserm Heimatland soll kein Fremder mehr
herrschen.*
*Das Schwarze Meer wird einst lächeln, der greise
Dnipro sich freuen.*
*Unsere Ukraine sieht einem guten Geschick
entgegen.*

*Seele und Leib . . .*

*Unser Eifer, gute Arbeit werden Früchte bringen,*
*Überall in der Ukraine werden frohe Lieder der
Freiheit erklingen,*
*Über die Karpaten hinaus und durch die
Steppen schallen.*
*Der Ruhm der Ukraine wird sich in alle Ferne
verbreiten.*

*Seele und Leib . . .*

Komponist der Hymne, ursprünglich eines Chorwerks, war Mychajlo Werbyzkyi (1815–1870), den Text schrieb Pawlo Tschubynskyi (1839–1884). 1864 im Ukrainischen Theater von Lvov uraufgeführt, war das Lied 1918–1939 Nationalhymne und ist es wieder seit der Auflösung der Sowjetunion und der Souveränitätserklärung der Ukraine am 16. Juli 1990 bzw. der Unabhängigkeitserklärung vom 24. August 1991.

# Ungarn

**Andante maestoso**

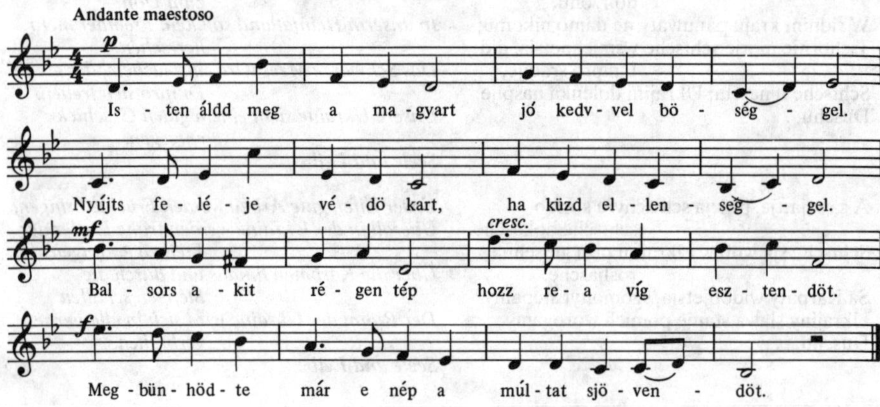


190

Isten áldd meg a magyart  
Jó kedvvel bőséggel.  
Nyújts feléje védő kart,  
Ha küzd ellenséggel.  
Balsors akit régen tép  
Hozz rea víg esztendőt.  
Megbűnhödte már e nép  
A múltat s jövendőt.

*Segne, Herr, mit frohem Mut*  
*Reichlich den Magyaren.*  
*Schütz ihn gegen Feindeswut*  
*In des Kampfs Gefahren.*  
*Gönn nach langem Mißgeschick*  
*Ihm ein Jahr der Freude.*  
*Hat's bezahlt, der Zukunft Glück,*  
*Mit vergangnem Leide.*

1823 oder schon 1817 verfaßte Ferenc Kölcsey (1790–1838) den Text, zu dem Ferenc Erkel (1810–1893) die Musik im Rahmen eines nationalen Wettbewerbs schrieb. Am 2. Juni 1844 wurde die Hymne zum ersten Mal im Nationaltheater Budapest vorgetragen.

# Uruguay

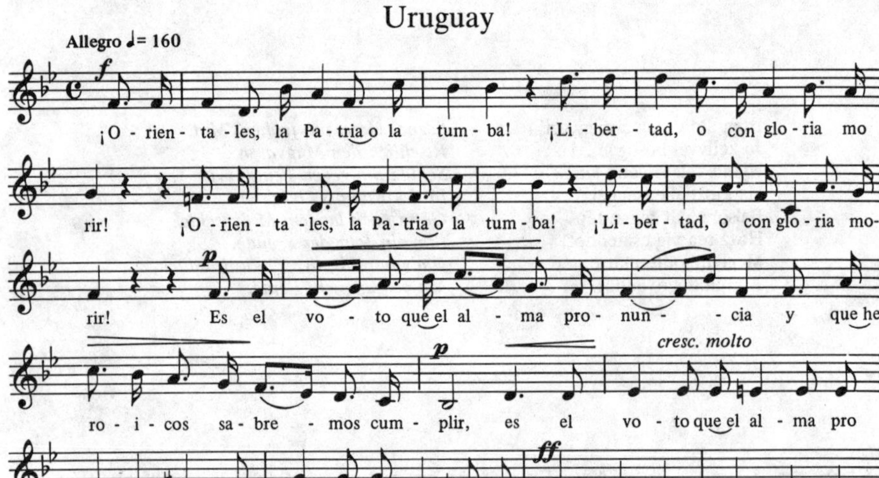

Allegro ♩= 160
¡O - rien - ta -les, la Pa - tria o la tum - ba! ¡Li - ber - tad, o con glo - ria mo
rir! ¡O - rien - ta - les, la Pa - tria o la tum - ba! ¡Li - ber - tad, o con glo - ria mo-
rir! Es el vo - to que el al - ma pro - nun - cia y que he-
ro - i - cos sa - bre - mos cum - plir, es el vo - to que el al - ma pro
nun - cia y que he - roi - cos sa - bre -mos cum - plir, que sa - bre - mos cum -

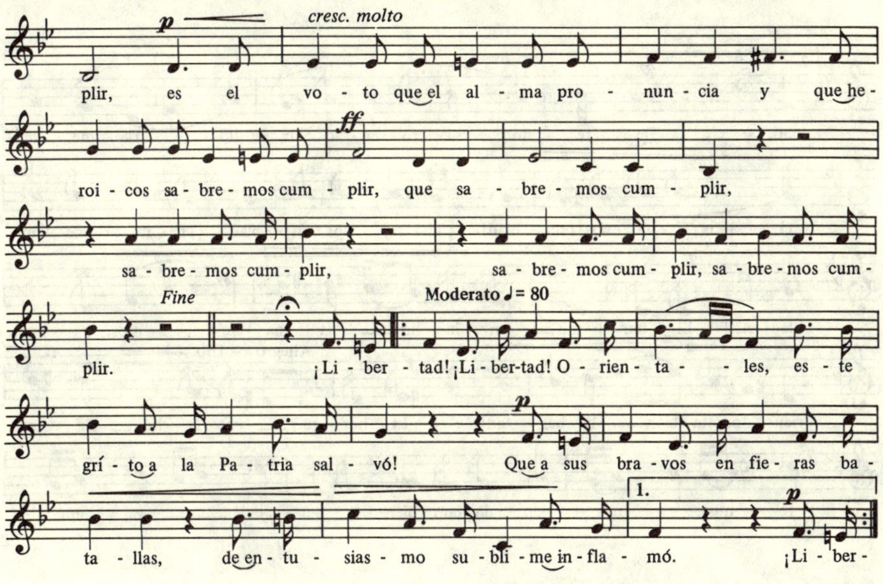

plir, es el vo - to que el al - ma pro - nun - cia y que he-
roi - cos sa - bre - mos cum - plir, que sa - bre - mos cum - plir,
sa - bre - mos cum - plir, sa - bre - mos cum - plir, sa - bre - mos cum-
plir.
¡Li - ber - tad! ¡Li - ber-tad! O - rien - ta - les, es - te
grí - to a la Pa - tria sal - vó! Que a sus bra - vos en fie - ras ba-
ta - llas, de en - tu - sias - mo su - bli - me in - fla - mó. ¡Li - ber-

mó. De es - te don sa - cro - san - to la glo - ria me - re -
ci - mos ¡Ti - ra - nos tem - blad! ¡Ti - ra - nos tem - blad! ¡Ti - ra - nos tem -
blad! Ah! ¡Li - ber - tad en la lid cla - ma - re - mos, y mu -
rien - do, tam - bién li - ber - tad! ¡Li - ber - tad en la lid cla - ma -
re - mos, y mu - rien - do, tam - bién li - ber - tad! y mu -
Allegro ♩ = 160

| | |
|---|---|
| ¡Orientales, la Patria o la tumba! | *Orientales, das Vaterland oder das Grab!* |
| ¡Libertad, o con gloria morir! | *Freiheit oder ehrenvollen Tod!* |
| Es el voto que el alma pronuncia, | *Das geloben wir aus ganzer Seele* |
|   Y que heroicos sabremos cumplir. |   *Und heldenhaft werden wir dieses Gelöbnis erfüllen.* |
| ¡Libertad! ¡Libertad! Orientales, | *Freiheit! Freiheit! Orientales,* |
| Este grito a la Patria salvó! | *Dieser Ruf hat uns das Vaterland gerettet!* |
| Que a sus bravos en fieras batallas, | *In furchtbaren Schlachten hat es unsere kühnen Steiter* |
| De entusiasmo sublime inflamó. | *Zu hohem Mut entflammt.* |
| De este don sacrosanto la gloria | *Für diese heiligste Gabe* |
| Merecimos ¡Tiranos, temblad! | *Erringen wir uns den Ruhm. Zittert, Tyrannen!* |
| ¡Libertad en la lid clamaremos, | *Freiheit ist unser Ruf im Kampfe,* |
| Y muriendo, también libertad! | *Und ob wir sterben: Freiheit!* |

In einer ersten Fassung erhielt das Gedicht von Francisco Acuña de Figueroa (1791–1862) 1833, in der gültigen Form am 12. Juli 1845 die offizielle Anerkennung als Nationalhymne. Die Melodie von Fernando Quijano und dem aus Ungarn stammenden Kapellmeister Francisco José Debali (1791–1859) wurde durch Dekret vom 25. Juli 1848 bestätigt. – »Orientales« sind die Bewohner der Region östlich des Uruguay, des Grenzflusses zu Argentinien; sie hatten sich 1812 die Unabhängigkeit erkämpft.

# Vatikan

Allegretto maestoso ♩ = 100
Ro - ma im - mor - ta - le di mar - ti - ri e di san - ti,
Glo - ria nei cie - li a Dio no - stro si - gno - re;
Ro - ma im - mor - ta - le ac - co - gli i no - stri can - ti:
pa - ce ai fe - de - li di Cri - sto nel - l'a - mo - re.
mf
A te ve - nia - mo, an - ge - li - co pa - sto - re,
in te ve - dia - mo il mi - te re - den - to - re.
E - re - de san - to di ve - ra e san - ta fe - de,

con - -for-to e van - to a chi com-bat - te e cre - de.
Non ___ pre-var - ran - -no la for-za ed il ter - ro - re;
ma ___ re-gne-ran - -no la ve-ri-tà, l'a - mo - re.
Sal - ve, sal - ve Ro - ma, pa-tria e-ter - na di me-mo - rie,
Sal - ve, sal - ve Ro - ma, la tua lu-ce non tra - mon - ta.
can - ta-no le tue glo - ri e mil - le pal - me e mil-le al -
Vin - - ce l'o-dio e l'on - - ta lo splen-dor di tua bel -
ta - ri. Ro - ma de-gli a - po-sto - li, ma-dre e gui-da dei re -
tà. ___

Roma immortale di martiri e di santi,
Roma immortale, accogli i nostri canti:
Gloria nei cieli a Dio nostro signore;
Pace ai fedeli di Cristo nell'amore.

A te veniamo, angelico pastore,
In te vediamo il mite redentore.
Erede santo di vera e santa fede,
Conforto e vanto a chi combatte e crede.

Non prevarrano la forza ed il terrore;
Ma regneranno la verità, l'amore.

*Unsterbliches Rom der Heiligen und Märtyrer,*
*Unsterbliches Rom, nimm hin unsere Lieder:*
*Ehre sei Gott, unserem Herrn, im Himmel,*
*Friede den Gläubigen in der Liebe Christi.*

*Zu dir kommen wir, engelgleicher Hirte,*
*In dir erkennen wir die Sanftmut des Erlösers.*
*Des heiligwahren Glaubens heiliger Erbe,*
*Stärke und Ruhm derer, die kämpfen und glauben.*

*Gewalt und Schrecken werden nicht obsiegen,*
*Die Wahrheit und die Liebe aber herrschen.*

198

Salve, o Roma
Patria eterna di memorie,
Cantano le tue glorie
Mille palme e mille altari.

Roma degli apostoli,
Madre e guida dei redenti;
Roma, luce delle genti,
Il mondo spera in te!

Salve, o Roma,
La tua luce non tramonta.
Vince l'odio e l'onta
Lo splendor di tua beltà.

*Gegrüßt seist du, Rom,*
*Ewige Heimat,*
*Von deinen Ruhmestaten*
*Künden tausend Palmen, tausend Altäre.*

*Du Rom der Apostel,*
*Mutter und Lenkerin der Erlösten;*
*Rom, du Licht der Völker,*
*Auf dich hofft die Welt.*

*Gegrüßt seist du, Rom,*
*Dessen Licht nicht erlöscht.*
*Haß und Schmähung besiegt*
*Der Glanz deiner Schönheit.*

Im »Heiligen Jahr« 1950 erklärte Pius XII. (Papst 1939–1958) den »Päpstlichen Marsch« von Charles Gounod (1818 bis 1893) zur »Päpstlichen Hymne«. Gounod hatte den Marsch für das fünfzigjährige Priesterjubiläum des Papstes Pius IX. geschrieben; er wurde am 11. April 1869 uraufgeführt. Text und rhythmische Gestaltung der Melodie stammen von Antonio Allegra (1905–1969), Organist der päpstlichen Cappella Giulia.

# Venezuela

Allegro ♩ = 84-92

Glo - ria al - bra - vo pue - blo que el yu - go lan - zó, la Ley res - pe -
tan - do la vir - tud y ho - nor. Glo - ria al -bra - vo pue - blo que el -
Fine
yu - go lan - zó, la Ley res - pe - tan - do la vir - tud y ho - nor.
¡A - ba - jo ca - de - nas! ¡A - ba - jo ca - de - nas! gri - ta - ba el Se -
p
ñor, gri - ta - ba el Se - ñor, y el po - bre en - su cho - za

li - ber - tad pi - dió: A es - te san - to nom - bre tem - bló de pa -
vor el vil e - go - ís - mo que o- tra vez triun - fó.
A es - te san - to nom - bre, a es - to san - to nom - bre tem - bló de pa -
rit.
vor el vil e - go - ís - mo que o-tra vez triun - fó,
Da Capo al Fine
el vil e - go - ís - mo que o-tra vez triun - fó.
ff

Gloria al bravo pueblo
Que el yugo lanzó,
La Ley respetando
La virtud y honor.

¡Abajo cadenas!
Gritaba el Señor;
Y el pobre en su choza
Libertad pidió:

A este santo nombre
Tembló de pavor
El vil egoísmo
Que otra vez triunfó.

*Ruhm dem mutigen Volke,*
*Das sein Joch abgeschüttelt hat,*
*Das Gesetz wahrend,*
*Tugend und Ehre.*

*Weg mit den Ketten!*
*Rief der Herr;*
*Und der Arme in seiner Hütte*
*Erflehte die Freiheit:*

*Vor diesem heiligen Namen*
*Zitterte mit Angst und Entsetzen*
*Der niederträchtige Egoismus,*
*Der einst triumphiert hat.*

---

Text von Vicente Salias (1786–1814), Musik von Juan José Landaeta (1780–1814), Nationalhymne seit dem 25. Mai 1881.

# Vereinigte Staaten von Amerika

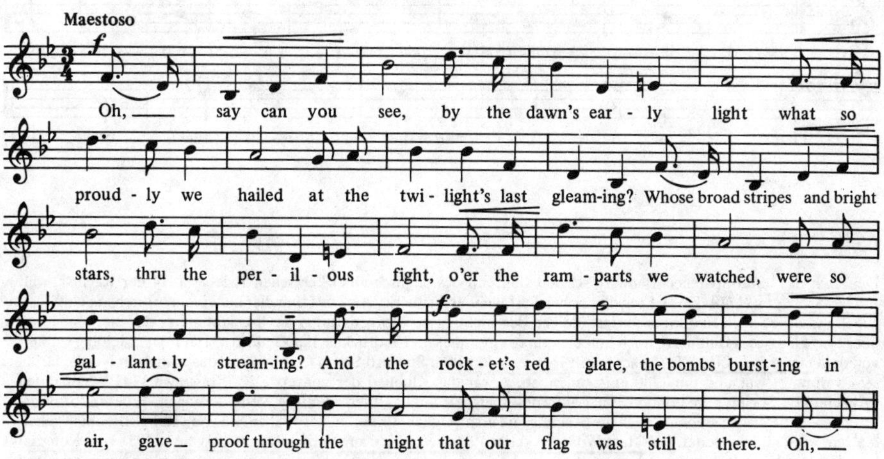

Den Text des »Star-Spangled Banner« schrieb während des englisch-amerikanischen Krieges 1814 der Rechtsanwalt Francis Scott Key (1779–1843), Freiwilliger bei der Leichten Artillerie. Als Unterhändler auf einem britischen Schiff festgehalten, sah er nach fünfundzwanzigstündiger Beschießung im Morgengrauen des 14. September das Sternenbanner über Fort Henry bei Baltimore noch immer wehen; unter diesem Eindruck ist das Gedicht verfaßt. Die Melodie stammt von dem englischen Lied »To Anacreon in Heaven« von John Stafford Smith (1750–1836), das damals in Nordamerika sehr verbreitet war und um 1780 entstanden ist; es war das Klublied der von etwa 1772 bis etwa 1792 bestehenden »Anacreontic Society« in London. Im Laufe der Jahre erfuhr das Lied mehrere Veränderungen. Eine antibritische Strophe wurde ausgelassen und auch die Melodie, die ursprünglich stärker im heroischen Stil von »Rule Britannia« gehalten war, wurde überarbeitet. Präsident Wilson erklärte 1916 dieses Lied zur Nationalhymne, als die es 1931 vom Kongreß bestätigt wurde. Volkstümliches Nationallied der USA ist daneben der »Yankee Doodle« (»A Yankee boy is trim and tall«), 1755 von R. Shekburg, einem Armeearzt, verfaßt und zu einer alten Spott- oder Kriegsliedmelodie gesungen.

204

Oh, say can you see, by the dawn's early light
What so proudly we hailed at the twilight's last gleaming?
Whose broad stripes and bright stars, thru the perilous fight,
O'er the ramparts we watch'd, were so gallantly streaming?
And the rocket's red glare, the bombs bursting in air,
Gave proof through the night that our flag was still there.
  Oh, say, does the star-spangled banner yet wave
  O'er the land of the free and the home of the brave?

*O sagt, könnt ihr sehn dort im Frühlicht so klar,*
*Was so stolz wir begrüßt bei des Abends Erröten?*
*Breite Streifen, helle Sterne, die durch Kampfesgefahr*
*Überm Wall, den wir hielten, hoch und tapfer hinwehten?*
*Und die Blitze der Schlacht machten taghell die Nacht,*
*Zeigten leuchtend uns an: Unsre Fahne hält Wacht.*
  *O sagt, ob das glorreiche Sternenbanner noch weht*
  *Über unserm freien Land, wo der Tapfern Heim steht?*

# Weißrußland

## (Republik Belarus)